सफलता के कदम सभी चूमना चाहते हैं। कितने इस मंजिल की चोटी तक पहुंचते हैं, इसका निर्धारण ईमानदारी, सत्य, निष्ठा और कड़ी मेहनत करती है। यह पुस्तक 'आसमान को छू लो', कड़ी मेहनत और ईमानदारी की सीढ़ियों द्वारा सफलता की चरम सीमा तक पहुंचने का मार्ग है। इस मार्ग का मूल मंत्र है "जीना यहाँ, मरना यहाँ" जो प्रसन्नता और उमंग से भर कर संकल्प शक्ति बढ़ाता है जिससे आकाश को छूना सरल हो जाता है। यदि आप भी अपने ऊपर सच्चा विश्वास रखते हैं तो आपको अपनी मनपसंद मंजिल पाने में यह पुस्तक बहुत सहयोगी सिद्ध होगी।

आसमान छू लो!

ए. जी. कृष्णामूर्ति

डायमंड बुक्स

प्रकाशक : **डायमंड पॉकेट बुक्स (प्रा.) लि.**
X-30, ओखला इंडस्ट्रियल एरिया, फेज-II
नई दिल्ली-110020
फोन : 011- 40712200
ई-मेल : sales@dpb.in
वेबसाइट : www.dpb.in

Aasmaan Ko Chhoo Lo
By : A. G. Krishnamurthy

मेरी पत्नी लीला को

उसके आसपास रहने वाले हर व्यक्ति के प्रति प्रेम, दृढ़ता व धैर्य के लिए।

यदि आप कोई सपना देख सकते हैं
तो उसे साकार भी कर सकते हैं

– **वाल्ट डिज़नी**

लेखक की ओर से

‘आसमान छू लो’ पुस्तक इंग्लिश पुस्तक ‘इनविज़बल सी.ई.ओ.’ का हिन्दी अनुवाद है। मुझे अदृश्य सी.ई.ओ. का उपनाम मेरे कैरियर के मध्यकाल में दिया गया था। ज्यों ही मैंने इसे पढ़ा, मुझे इससे लगाव हो गया। जो मैं हूँ व था, यह उसे सही मायनों में प्रकट करता था। मैं प्राय:’कॉकटेल पार्टियों के दायरों से गायब रहने के लिए प्रसिद्ध था, मेरे पूरे कैरियर के दौरान, यह **‘अदृश्यता’** हमेशा टिप्पणी का विषय रही। मुझे इसे स्पष्ट करने का अवसर दें।

मैं मानता हूँ कि सी.ई.ओ. (मुख्य कार्यकारी प्रबंधक) दो प्रकार के होते हैं। वैसे मैं किसी भी प्रकार पर अपना फैसला नहीं सुना रहा, यह तो एक आम राय हैं। वर्ग ‘अ’ में ऐसे मुख्य कार्यकारी प्रबंधक आते हैं जो प्राय: सही स्थान पर, सही लोगों के बीच व समाचार पत्रों के सही पृष्ठों तथा लोगों की चर्चाओं के बीच पाए जाते हैं। दूसरे शब्दों में ऐसे व्यक्तित्व जो ध्यान आकर्षण के लिए जनता के सम्मुख व्यहवार करते हैं। आम जनता उन्हें उनके चेहरे से पहचानती हैं। यदि उनकी कंपनी के प्रदर्शन का स्तर गिर भी जाए, तो भी वे उसी तरह सुर्खियों में बने रहते हैं। वे एक तरह से अपनी कंपनी से थोड़ा अलग

अस्तित्व रखते हैं। कंपनी के प्रदर्शन में आने वाली कमी, किसी भी रूप में उनकी सार्वजनिक छवि को नुकसान नहीं पहुँचाती।

मैं यही मानता था कि मैं वर्ग 'ब' से संबंध रखता हूँ। ऐसा नेता हमेशा सत्ता के दायरों से दूर रहना पसंद करता है। जी हाँ, यह काफी हद तक मुझ जैसा ही होता है। मैंने हमेशा अदृश्य रूप में रहना पसंद किया और यही चाहा कि मेरा नाम कंपनी के प्रदर्शन स्तर से जुड़ा रहे। वैसे संस्थापक, अध्यक्ष व प्रबंध निदेशक के रूप में जब मैंने 25 मार्च 1980 को एक ग्राहक व 35,000 रुपये की पूंजी के साथ मुद्रा कम्यूनिकेशंस प्राइवेट लिमिटेड की शुरुआत की तो भी मेरे जीवन के महत्त्वपूर्ण 23 वर्षों (1980-2003) के दौरान, मेरी पहचान वही थी, जो 'मुद्रा' की थी। यदि मुद्रा हार जाती तो मैं हारता, मुद्रा को सफलता मिलती तो मैं भी सफल होता। तभी तो जब भी मुद्रा को कोई हानि होती तो उसका पूरा दोष मैं अपने सिर ले लेता। मैंने कभी ऐसा नहीं कहा कि यहाँ मेरी गलती नहीं थी क्योंकि मेरा इस धारणा में पूरा विश्वास था कि मेरी पहचान, मेरे पहचान पत्र से आरंभ होती है और वहीं समाप्त हो जाती है। कार्ड से मुद्रा का 'लोगो' हट जाता तो ए. जी. कृष्णामूर्ति कुछ नहीं था।

अब मुझे यह बताने का अवसर दें कि इतने समय तक ओझल रहने के बाद मैंने 'मुद्रा' के बारे में लिखने का मन क्यों बनाया? जब मैंने पीछे मुड़ कर देखा तो मुझे एहसास हुआ कि मुद्रा का मुख्य कार्यालय एक असामान्य स्थान पर खास किस्म के लोगों द्वारा चलाया जा रहा था। हम एजेंसी टाइप लोगों में से थे। अस्सी के दशक का अहमदाबाद भले मानसों का शहर था। हमारी भाषा में भारतीयता की सोंधी गंध थी, हम अपनी अंगुलियों से खाते, जब भी कोई खुशी मनानी होती तो 'जलेबी' व 'पेड़े' बाँटते लेकिन हमारी सबसे खास बात यह थी कि हमारी एजेंसी का नाम संस्कृत में था, तब तक संस्कृत नाम

चलन में भी नहीं थे। इस तरह हमने विपरीत परिस्थितियों के बीच भी उस दुनिया में अपने लिए एक पहचान व जगह बनाई जहाँ तीन–मारटीनी लंच, सिगार का धुंआ उगलते सी. ई. ओ. व स्कूल के पुराने मित्रों के जमघट व अमरीकी/अंग्रेज़ीं नामों वाली एजेंसियाँ थीं।

लेकिन फिर भी, कुछ ही समय में इस उद्योग ने हमें स्वीकार लिया। यही कहानी मैं आपके साथ बाँटना चाहता हूँ ताकि इससे किसी को कोई प्रेरणा मिल सके। चाहे आप कितने भी अलग क्यों न हों, दुनिया से कितने भी निराले क्यों न हों, यदि आप अपने–ऊपर सच्चे मन से विश्वास रखते हैं, तो आपको अपने मनपसंद काम में सफलता मिल सकती है।

मैं अपने तीन गुरुओं व एक सहकर्मी को धन्यवाद देना चाहूँगा। गिराबेन साराभाई, जिन्होंने मुझे विज्ञापन जगत की बारहखड़ी रटाई। धीरुभाई अंबानी, जिन्होंने मुझे बड़े व ऊँचे सपने देखने व उन्हें साकार करने के लिए प्रोत्साहित किया, डॉ वर्गीज़ कुरियन जिनसे मैंने भारतीय होने की कला व लाभ सीखे। मेरी सहकर्मी मिन्नी अब्राहिम, जिनके सहयोग व योगदान के बिना यह पुस्तक व पिछले सत्रह महीनों से 'बिजनेस स्टैंडर्ड' का लोकप्रिय स्तंभ 'ए. जी. के. स्पीक' साकार रूप नहीं ले सकते थे।

मैं टी. एन. निनन व बिज़नेस स्टैंडर्ड को ए. जी. के. के लिए प्रोत्साहित करने व मैगइंडिया (ऑन लाइन विज्ञापन अभिलेखागार) को प्रिंट व टी.वी. संपर्कों के लिए धन्यवाद देना चाहूँगा।

ए.जी. कृष्णामूर्ति

अहमदाबाद

26.12.2004

विषय सूची

मेरे खिलते पल

संस्थापक, अध्यक्ष व प्रबंध निदेशक के रूप में जब मैंने 25 मार्च 1980 को एक ग्राहक व कुल जमा पूंजी 35,000 रुपये के साथ मुद्रा कम्यूनिकेशंस प्राइवेट लिमिटेड की शुरुआत की जिसने नौ वर्षों के भीतर ही भारत में तीसरी विशाल विज्ञापन एजेंसी की सूची में अपना नाम दर्ज करा लिया। 31 मार्च 2003 को जब मैंने 'मुद्रा' छोड़ा तो इसकी स्थापना हुए पूरे 23 वर्ष व सात दिन हो चुके थे।

25 मार्च, 1980– पाँच सादे शब्द, जिन्होंने न केवल मेरी जिन्दगी बदली बल्कि वे मेरी जिन्दगी ही बन गए। मुद्रा में ही मेरा अधिकतर समय बीता जो कि सुबह नौ बजे से आरंभ होकर देर रात तक होता था। अपने लंबे व कड़े परिश्रम वाले घंटों की प्रतिक्रिया के फलस्वरूप मेरे सहकर्मी एक ही मंत्र रटते थे– "जीना यहाँ, मरना यहाँ"। इसी प्रसन्नता व उमंग से भरपूर सामूहिक संकल्प शक्ति के बल पर हमने सारी बाधाएँ पार की व नौ सालों के भीतर ही विशालतम भारतीय विज्ञापन एजेंसी बन गए और उसके बाद भी यही स्तर बनाए रखा। इस पुस्तक में आगे मुद्रा विज्ञापन एजेंसी के लिए 'मुद्रा' शब्द का प्रयोग किया जा रहा है।

मैं यह पृष्ठ उन लोगों को समर्पित करना चाहता हूँ जिन्होंने मुद्रा रूपी जादू को साकार किया। मित्रो! ईश्वर तुम्हारा भला करे!

दो-चरण वाली प्रक्रिया, जिसमें पृथ्वी की कक्षा से बाहर जा कर दूसरे निकटतम ग्रह में प्रवेश किया जाता है।

पहला चरण

अपनी कक्षा में बदलाव के लिए रॉकेट दागें। आपकी कक्षा भी धरती के समीप आ जाएगी।

दूसरा चरण

जब आप दीर्घवृत्त के पास पहुँचें तो धरती को छोड़ने के लिए रॉकेट दोबारा दागें

(अंतरिक्ष में भ्रमण व 'कक्षा बदलने' के बुनियादी तथ्य)

कक्षा बदलना

वैज्ञानिकों ने आश्चर्यजनक रूप से रॉकेट विज्ञान को, 1, 2, 3 की गिनती की तरह सरल बना दिया है। 'मुद्रा' में 23 वर्ष काम करने के बाद, मुझे एहसास हुआ कि मैं तथा 'मुद्रा' धीरे-धीरे जिस काम को अंजाम देते रहे, उसे ही तो 'कक्षा बदलना' कहते हैं।

मैंने सार निकाला कि यही तरीका मेरी 'दीवानगी' को संभाल रहा था। मैं मानता हूँ कि यह सब कुछ मेरे उन प्रबंधकों के लिए इतना आसान नहीं था, जो अपने कार्यकाल में असंभव दिखने वाले लक्ष्यों की पूर्ति के लिए हमेशा जुटे रहे। लेकिन मुझे

पूरा यकीन है कि आज, वे सब भी मुझसे सहमत होंगे कि यह सब कुछ वाकई काफी अच्छा था। दूसरे ग्रह का नज़ारा सचमुच सांसें रोक देने वाला होता है।

मैंने इस अध्याय के लिए 'कक्षा बदलना' शीर्षक चुना क्योंकि यह हमारी उस यात्रा को सही तरीके से परिभाषित करता है, जिसके दौरान हम एक छोटी सी मामूली एजेंसी से 714 करोड़ की एजेंसी के रूप में सामने आए। मुद्रा के बिल-ग्राफ की प्रिय तस्वीर दिए बिना, मैं मुद्रा या अपनी बात कैसे कर सकता हूँ?

संभवत: मुझे इस तस्वीर से इतना लगाव इसलिए है क्योंकि यह मेरी कक्षा के बदलाव की पूरी कहानी दर्शाती है, जो 80 के आसपास आरंभ हुई। इसकी हर नोक में मुझे अपनी टीम का खून, पसीना व आंसू दिखाई देते हैं। वह सब बलिदान व त्याग

मुद्रा बिलिंग 1980-2001

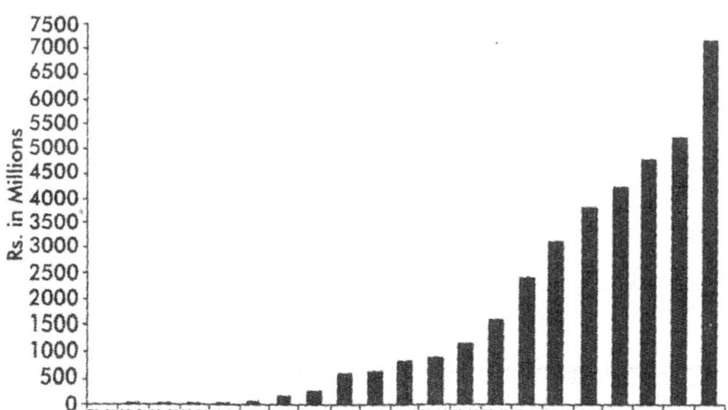

अगर तुम कल्पना कर सकते हो, तो पूर्ण भी कर सकते हो

याद आता है, जो उन्होंने किसी प्रदर्शन को पूरा करने, मैदान जीतने व उसका पुरस्कार पाने के लिए किया।

मुझे इस तस्वीर पर इतना गर्व क्यों है, इसका एक और कारण भी है। मुद्रा के विकास का प्रतिनिधि चार्ट होने के साथ-साथ, यह मेरी टीम के व्यक्तिगत विकास व वृद्धि का चार्ट भी है। ज्यों-ज्यों मुद्रा ने तरक्की की, वे भी समृद्ध होते गए। उनमें से ज्यादातर ने जब काम पर आना शुरू किया तो उनके पास दुपहिया वाहन थे, कभी-कभी वे बस से भी आते थे और आज वे बढ़िया कारों के मालिक हैं। मुद्रा (अहमदाबाद) के हर तीन में से एक कर्मचारी के पास अपनी कार है।

इसके साथ-साथ मैं अपना सीखने का वक्र भी देख सकता हूँ। भारत की तेजी से बढ़ने वाली विज्ञापन एजेंसियों में से एक का अध्यक्ष बनने के लिए मैंने क्या-क्या सीखा। मुझे पूरी उम्मीद है कि आने वाले पृष्ठों में, आप जान जाएँगे कि इस दौरान मैंने क्या-क्या सीखा! शायद इन प्रक्रियाओं में से कुछ आपके काम की भी हों।

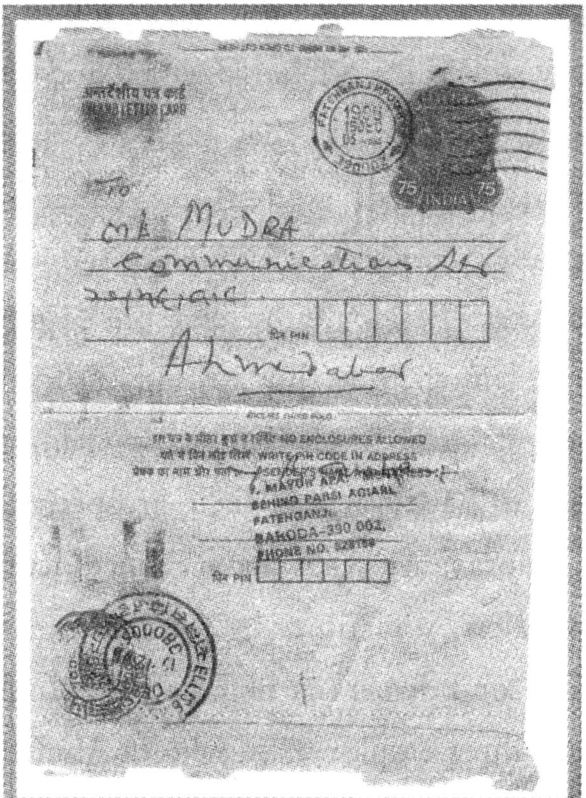
Mr. MUDRA
Communication
Ahmedabad
NO ENCLOSURES ALLOWED
WRITE PIN CODE IN ADDRESS
FATEHGANJ

हमारी सबसे अच्छी ट्रॉफी

मुद्रा के आरंभ के 15 साल बाद, हमारे एक वृद्ध डिस्पैच क्लर्क ने मुझे यह पत्र दिया। वह भी मेरी तरह ही हैरान था कि वह पत्र हम तक कैसे पहुँचा? जैसा कि आप देख सकते हैं, इस पर पूरा वापसी पता लिखा है लेकिन भेजने वाले ने सिर्फ मुद्रा का नाम व अहमदाबाद लिख कर भेजा और पत्र हम तक पहुँच गया। मैंने इसे गौर से देखा और यह हकीकत देख कर हैरान रह गया कि अहमदाबाद जैसे शहर में, जहाँ भारत के कई बड़े व सफल उद्यम कार्यरत हैं, वहां यह पत्र कंपनी के नाम के सहारे ही कैसे, पहुँच गया? पिछली बार मैंने ऐसा ही कुछ साबरमती आश्रम की दीवारों पर देखा था किसी ने सिर्फ 'गांधी, भारत' लिख कर पत्र भेजा था इसलिए जब हमें, मुद्रा में यह पत्र मिला तो मैं सचमुच अचंभे में पड़ गया। मेरे लिए यह सभी पुरस्कारों के बीच किसी ट्रॉफी से कम नहीं था और इस बात का सबूत था कि मुद्रा किसी से पीछे नहीं रही।

हम अक्सर कहते हैं कि मुद्रा ने एक मेहनती भारतीय के रूप में अपना जीवन आरंभ किया, जो भारतीय विज्ञापन परिदृश्य पर अपनी उपस्थिति दर्ज करना चाहती थी, जिस पर बहुराष्ट्रीय व 'मैडीसन एवेन्यू बैंचमार्क्स' का राज था। इस विचित्र पत्र के पहुँचने के 15 सालों बाद, ऐसा लगता है कि हमने भी सब कुछ पा लिया है।

25 मार्च, 1980, अहमदाबाद, 37°C

1980 के दशक में, अहमदाबाद में विज्ञापन एजेंसी खोलना किसी दीवानगी से कम नहीं था। एजेंसी के लिए आवश्यक वातावरण बिल्कुल नहीं था। कोई प्रिंटिग हाऊस, कोई प्रोसेसिंग फर्म, कोई विज्ञापन नेटवर्क, कोई मॉडल संयोजक, कोई स्टूडियो, कोई तैयार दल, हमारे पास कुछ भी तो नहीं था। सब कुछ दूसरे शहरों या बॉम्बे से मंगवाना पड़ता था। वास्तव में, यह सब कुछ काफी डरावना था।

लेकिन 25 मार्च, 1980 की सुबह, जब सूरज का ताप पूरे शहर को झुलसा रहा था, (उस दिन 37° सैल्सियस तापमान था) तो मुद्रा के पहले ऑफिस के आरंभ के लिए पूजा पर बैठा (इसे धीरुभाई अंबानी के भतीजे, उनके बड़े भाई रमनीकभाई के पुत्र विमल 'अंबानी' द्वारा खोला गया) पसीने से धुंधलाती दृष्टि के बीच मेरा पूरा ध्यान आने वाली डेडलाइन पर टिका था। मुद्रा का पहला विमल विज्ञापन पाँच दिनों में रिलीज़ होने वाला था और मैं चाहता था कि वह बहुत बढ़िया हो। मेरा एजेंडा काफी मुश्किल था। मैं अपने बॉस को निराश नहीं करना चाहता था, जो मेरे ग्राहक होने के साथ-साथ मुद्रा के प्रयोजक भी थे।

मैं बड़ा किस्मत वाला था कि विज्ञापन एजेंसी के लिए आवश्यक सुविधाएँ न होने के बावजूद मेरे पास ऐसी तीन वस्तुएँ

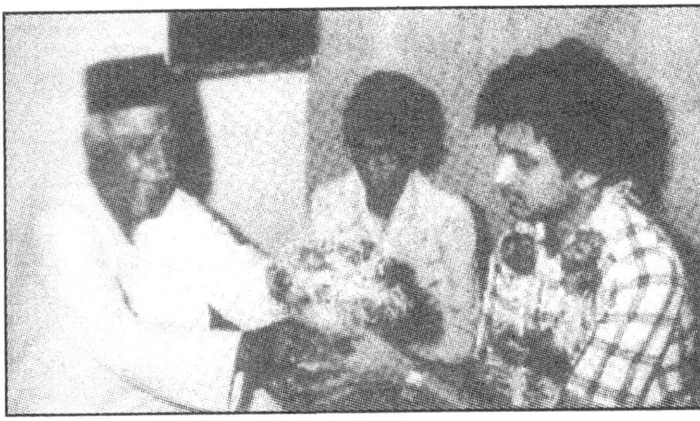

मुद्रा प्रारम्भ होने पर पूजा जिसमें दाई ओर विमल अंबानी

थी जों किसी सफलता के लिए काफी होती हैं- एक अद्‌भुत ग्राहक, उतनी ही बढ़िया टीम व उद्यमी भावना से ओत-प्रोत शहर! धीरुभाई अंबानी मेरे ग्राहक थे, जो 'विमल' नामक उत्पाद के स्वामी थे। मुझ सहित टीम के 15 सदस्य विज्ञापन की दुनिया के बारे में ज्यादा जानकारी न होने के बावजूद भी यह जानते थे कि सही तरह से काम कैसे किया जाता हैं। हालांकि उन दिनों अहमदाबाद विज्ञापन जगत के लिए इतना बेहतर नहीं था किंतु अहमदाबाद के निवासी व्यावसायिक वृद्धि से भरपूर व खुले दिल वाले थे। उन लोगों ने भी तेजी से तरक्की कर रही दुनिया के साथ कदम-ताल किया और वे आगे निकल गए।

केंद्रित, केंद्रित व केंद्रित रहें यही प्रगति का एकमात्र मार्ग है

पहले चार वर्ष अस्पष्ट रूप से बीते। हमें भूलना नहीं चाहिए कि दूरदर्शी धीरुभाई अंबानी ने अपनी दूरदर्शिता के बल पर रिलायंस की प्रारंभिक सफलता का ताना-बाना बुना। विमल के बड़े-बड़े बजटों व कैंपेनो ने मीडिया को भी सकते में डाल दिया क्योंकि इससे पहले भारत में ऐसा कभी नहीं हुआ था --और यह सब कुछ मुद्रा अहमदाबाद व मुद्रा मुंबई के बीच व्यवस्थित किया गया। यह सब एक ही तरीके से संभव हो सकता था। मैं पहले 6-7 वर्षो तक अहमदाबाद व मुंबई लगातार आता जाता रहा मैं हर रविवार की रात गुजरात मेल से मुंबई रवाना होता व बुधवार सुबह अहमदाबाद लौट आता। आप कह सकते हैं कि गुजरात मेल मेरी सफलता का वाहन था।

इसमें कोई हैरानी की बात नहीं कि विज्ञापनों पर खर्च होने वाली राशि पर शीघ्र ही टीका-टिप्पणियां होने लगीं। मानता हूँ कि उनमें से कुछ सच थीं लेकिन काफी हद तक सब कुछ कोरी बकवास थी, सफलता पाते ही यह सब होना स्वाभाविक ही था। भाग्यवश हम धीरुभाई अंबानी की बताई राह पर चलते हुए इतने व्यस्त रहे कि इन सब आलोचनाओं का हम पर कोई असर ही नहीं हुआ। यह सब कुछ ऐसा ही था मानों सीढ़ियाँ चढ़ता राहगीर, वहाँ चल रहे संगीत को अनसुना कर दे।

दायरों का विस्तार

मुद्रा बनने के तीसरे वर्ष के दौरान, हम 'एक ग्राहक' वाली एजेंसी नहीं रहे। 'रसना' हमारा दूसरा प्रमुख ग्राहक था, जिसने मुद्रा परिवार में कदम रखा। कपड़ों से सॉफ्ट ड्रिंक तक; जी हाँ, उड़ान काफी ऊँची थी पर हम जी-जान से यह साबित करने में जुट गए कि चाहे कपड़ों के विज्ञापन हों या किसी दूसरे उत्पाद के, हममें उन्हें तैयार कर दिखाने की क्षमता भी है।

'पिओमा उद्योग' के मालिक व रसना के निर्माता श्री अरीज़ खंबाटा हमारे अहमदाबाद के उद्यमी थे। व्यवसाय के प्रति सूक्ष्मदृष्टि रखने वाले खंबाटा जी ने खुले दिल से एजेंसी को अपना साझेदार बना लिया।

मैं बढ़ा-चढ़ा कर वहीं कह रहा किंतु श्री खंबाटा जैसे ग्राहकों के कारण ही मैं तथा मुद्रा सफल हो सके। कहते हैं न कि सफलता, सफलता को खींचती है, शीघ्र ही हमारे ग्राहकों की सूची बढ़ती चली गई और उन सबने मुद्रा को एक शानदार एजेंसी बनने में अपना योगदान दिया।

हमने 'आई लव यू रसना' कहना कैसे सीखा?

आज के लोकप्रिय वाक्य 'आइ लव यू रसना' का आरभ भी बड़ी अलग तरह से हुआ। पूरी क्रिएटिव टीम के दिमाग में यही विचार था कि एक छोटी सी लड़की अपनी गुड़ियों के साथ खेल रही है व उन्हें रसना पिलाने का दिखावा करती है। गुड़िया तो रसना पी नहीं सकती इसलिए वह स्वयं सारा रसना पी लेती है और कैमरे की तरफ देख कर कहती है कि उसे ही रसना सबसे ज्यादा पसंद है। इस विचार को एक 'स्क्रैच फिल्म' (एजेंसी की भाषा में ऐसी फिल्म, जिसमें तकनीकी विशेषज्ञता की आवश्यकता नहीं होती) में फिल्माया गया लेकिन छोटी लड़की अंकिता की संवाद

विज्ञापन जो फरवरी 1983 में दुबारा फिल्माया गया

अदायगी इतनी प्यारी थी कि हमने उसी विज्ञापन फिल्म को दिखाने का फैसला किया।

यह वो समय था जब ज्यादातर एजेंसियाँ ऐसा करने के बारे में सोच तक नहीं सकती थीं। उस समय अनेक विशेषज्ञ ऐसे रहे होंगे जिन्होंने कई ऐसे कारण प्रस्तुत कर दिए होंगे, जो विज्ञापन की तकनीकी खामियां दिखाने के लिए काफी थे लेकिन भाग्यवश 'रसना' तथा 'मुद्रा' हम बहुत बड़े नाम नहीं थे और अपने दिल की सुनते थे। मैं इस बात का आभार प्रकट करता हूँ कि जिसे हमने चाहा, उसे पूरे राष्ट्र ने भी अपना प्यार दिया। इन्हीं बातों ने 'मुद्रा' को बड़ा बनाया। न कोई विशेषज्ञ, न ही कौशलपूर्ण नेटवर्क। बस सार्वभौमिक भावनाओं से जुड़े सादे तर्क व उन्हें प्रकट करने का निष्ठापूर्ण साहस!

हम कैसे आगे बढ़े

मैं स्वीकार करता हूँ कि मुद्रा के आरंभिक दिनों में मैंने कई रातें जाग-जाग कर यही सोचते हुए बिताई कि मैं ऐसी टीम कैसे तैयार करूँ, जिसकें पास प्रतिभा व उचित रवैया दोनों ही हों। मैं मुद्रा में किसी भी तरह के बुरे व्यवहार का प्रयोजक नहीं बनना चाहता था इसलिए मैंने एक और काम किया। मैंने सही रवैए वाले कुछ बच्चों की तलाश की, उन्हें अहमदाबाद लाया व विज्ञापन जगत के लिए प्रशिक्षण देना आरंभ किया। यह सारा

काम डॉक्टर नागानंद ने संभाला, जो हाल ही में आई.आई.एम. ए. से आए थे व नए विचारों से भरपूर थे। हमने फौजी कायदे-कानून के हिसाब से इस परियोजना को चलाया। चूंकि हमारे पास कोई पूर्ववर्ती नहीं थे इसलिए हमें सारा पाठ्यक्रम स्वयं ही तैयार करना था। बेशक यह काम काफी मुश्किल था लेकिन फिर भी हमने इसे कर दिखाया। उस बैच के ज्यादातर लड़के आजकल देश की अच्छी एजेंसियों के प्रमुख हैं।

अप्रैल 1984 में, हमें 'सुब्रतो भौमिक' नामक अतुलनीय रचनात्मक व्यक्तित्व से मिलने का अवसर प्राप्त हुआ। उनकी गिनती श्रेष्ठ ग्राफिक डिज़ाइनरों में की जाती थी। उन्होंने रितु नंदा व फिलिप डिसूज़ा के साथ मिल कर 'विमल' को

विमल साड़ी के लिए भौमिक का सीएजी एवार्ड विजेता विज्ञापन : उनके प्रारंभिक प्रयोगों में से एक

एक नया चेहरा दिया व शीघ्र ही उसे भारत का प्रमुख फैशन फैब्रिक बना दिया।

मैं कहना चाहूँगा कि भौमिक साधारण वस्तुओं को भी जादुई बनाने का करतब जानते थे। उन्होंने कभी निराली लोकेशन व महंगे मॉडलों की मांग नही की। इन सबकी बजाए उन्होंने सामान्य से सामान्य स्थान को खास बनाया, नए मॉडलों को चुना व उन्हें फैशन के जगमगाते सितारे बना दिया (वास्तव में आज फैशन व फिल्मी जगत के कुछ खास चेहरों ने विमल के लिए ही कैमरे के सामने मुसकुराना सीखा था) यह सब कुछ मॉडलों पर ही नहीं टिका था। 'विमल' अनेक सफल फोटोग्राफरों व फिल्म निर्माताओं का लांचिंग पैड भी रहा।

जी हाँ, विमल और मुद्रा काफी किस्मत वाले रहे क्योंकि हमारे पास भौमिक थे।

हमने कड़ी मेहनत की क्योंकि हम कुछ नहीं थे...

लोगों का मानना था कि मुद्रा को रिलायंस ने आगे बढ़ाया, किंतु इसका अर्थ यह नहीं था कि हमें सब कुछ सहज में ही मिल गया था। दरअसल, हमें तो एक भारी जिम्मेदारी उठानी थी, अपने आप को सिद्ध करना था। यह इसलिए जरूरी

था क्योंकि धीरुभाई ने मुझमें पूरा विश्वास रखा और यह विश्वास अप्रकट रूप था। मैं हमेशा कहता था कि उन्होंने मुझे एक ख़ज़ाना सौंपने के साथ-साथ उसका ताला चाबी भी दिए थे। इसी जिम्मेदारी के बोझ ने मुझे कई रातों तक जगाया। उन्होंने कभी भी मुझ पर या मेरे लोगों पर निगरानी नहीं की इन सबके अलावा वे मुझसे कहते कि उन्हें लाभों से अधिक अच्छे विज्ञापनों की ज़रूरत है।

मैं उन्हें किसी भी तरह यकीन दिलाना चाहता था कि उनका फैसला गलत नहीं था। मुद्रा के आरंभिक वर्षों में यही मेरी प्राथमिक प्रेरणा रही। मैं सुबह नौ बजे ऑफिस जा पहुँचता व दिन भर ऐसे विज्ञापनों के लिए संघर्षरत रहता, जिन पर विमल व धीरुभाई गर्व कर सकें। इस सारी प्रक्रिया में मुझे घर पहुँचते-पहुँचते आधी रात हो जाती थी।

हम अपने हर विज्ञापन को गार्डन व रेमंड के विज्ञापनों की तरह लुभावना बनाने की कोशिश करते। हम उनके जैसा अच्छा किंतु अलग दिखना चाहते थे इसलिए किसी भी विज्ञापन को ग्राहकों के सामने लाने से पहले कई-कई बार जांच की जाती। मेरा अंदाज़ा तो यही कहता है कि हमें कड़ी मेहनत का पूरा फल मिला क्योंकि दो सालों में विमल के लिए किए गए काम की वजह से ही हमसे पहले अ-विमल ब्रांड 'नेल्को' के बारे में पूछताछ होने लगी।

... और फिर हमने और भी कड़ी मेहनत की क्योंकि हम कुछ बन गए थे

बहुत जल्दी, केवल नौ सालों के भीतर ही 'मुद्रा', देश की तीसरी विशाल एजेंसी बन गई। पहली दो बड़ी एजेंसियाँ अनुभवी थीं, उनके पास पूरी एक सदी का अनुभव व बहुराष्ट्रीय बजट का समर्थन भी था। मुद्रा उनके सामने एक नवजात शिशु ही तो थी अतः मुझे एक बार फिर देर रातों तक मेहनत करनी पड़ी। चूँकि अब हम कुछ बन चुके थे इसलिए हमें सिद्ध करना था कि हम एक हवा का झोंका नहीं, जो आए और लौट जाए।

हमें अपनी विश्वसनीयता सिद्ध करने के लिए इस स्थान को बनाए रखना था। इन सबके लिए दिन-रात कड़ी मेहनत करना बहुत आवश्यक था। और हम सब एक बार फिर अपने यंत्रों, अनुसंधान विचार-विमर्शों व सौदेबाजी के बीच मग्न हो गए, हालांकि थोड़ा नुकसान भी उठाया लेकिन किस्मत से हमारी श्रेष्ठ टीम की मेहनत रंग लाई और हमें जीत मिली।

मैं मानता हूं कि हार के भय ने ही मुझे व मेरी टीम को कड़ी मेहनत के लिए उकसाया। जब मैं अपने सहकर्मियों को पत्र लिखंता तो उसमें प्रायः ऐसी ही कुछ पंक्तियाँ शामिल होतीं-

"... कुछ भी थोड़ा सा भी कम हुआ तो स्वीकारा नहीं जाएगा", हम पूरे साल के लिए अपने लक्ष्य पहले से ही तैयार कर

लेते थे। वैसे कुछ हट कर की जाने वाली मांगों की पूर्ति के लिए असाधारण प्रदर्शतकर्ताओं की आवश्यकता भी होती है। ऐसी ही मांगों के बीच, त्यागपत्र भी कोई नई बात नहीं थी। इसका उजला पक्ष यह था कि अच्छे प्रदर्शनकर्ता अपने कैरियर की ऊँचाइयों तक पहुंचे, जो उनके व मेरे लिए बड़ी खुशी की बात थी।

खास लोगों की खास शुरुआत

सुपरस्टारों के प्रति मेरे फोबिया की वजह से ही मुद्रा का ज्यादातर काम नए लोगों ने संभाला। नए लोगों से मेरा मतलब उन लोगों से है, जिन्हें उस समय लोकप्रियता नहीं मिली थीं। मैंने पढ़े-लिखे व होनहार लोगों के लिए मुद्रा के द्वार खोल दिए, जिनके पास हुनर तो था लेकिन उन्हें अपना हुनर दिखाने का मौका नहीं मिल रहा था। रितु व फिलिप को ही लें, दोनों ही पढ़े-लिखे व होनहार थे लेकिन उन पर लोकप्रियता की मुहर नहीं लगी थी। शायद यही कारण था कि लोगों को विमल के विज्ञापनों में नयापन व ताज़गी नज़र आते थे।

निस्संदेह ऐसे प्रयोगों में नकारे जाने का डर तो रहता ही था और हमें भी कई बार ऐसी स्थिति का सामना करना पड़ा। हमें पूरे-पूरे विज्ञापन बदलने पड़े पर कहते हैं न कि गिरे बिना चलना कैसे सीख सकते है? मुद्रा ने भी इसी तरह गिर कर चलने की कीमत चुकाई।

वयस्कों के विज्ञापन में नन्हीं सी लड़की

मुझे हमेशा यही लगता है कि जब आप नियमों को नहीं जानते तो आपको यह भी पता नहीं चल पाता कि आप उन्हें तोड़ रहे हैं। मुद्रा के लिए यही सबसे ज्यादा फायदेमंद रहा। तभी हम अपने हुनरमंद, पढ़े-लिखे लोगों की टीम के साथ मिल कर ऐसे नए व ताज़गी से भरपूर विज्ञापन दे सके। ये वही लोग थे, जो किताबों की बजाए दिल की सुनने में विश्वास रखते थे।

विमल साड़ियाँ भी उस समय के अन्य विज्ञापनों के अनुसार सुंदर युवतियों को ही विज्ञापनों में लेती थीं। और एक दिन भौमिक और मैं कार से बड़ौदा जा रहे थे। उसने मुझसे

अचानक पूछा कि क्या वह किसी छोटी लड़की को विज्ञापन के लिए फिल्मा सकता है? मैंने उसे घूरते हुए मन ही मन सोचा कि शायद इसका दिमाग फिर गया है, साड़ियों के विज्ञापन में एक छोटी लड़की का क्या काम?

फिर उसने मुझे विस्तार से बताया कि लगातार युवतियों को विज्ञापनों के लिए फिल्माने वाली एकरसता से छुटकारा मिलेगा और विज्ञापन में नयापन आएगा। जैसे ही मुझे सारी बात समझ आई, मैंने हामी भर दी। और यह एक सही कदम था। हमें एकरसता से छुटकारा मिला, एक छोटी सी लड़की के आने से विज्ञापन को एक स्टोरी लाइन भी मिल गई। चूंकि उस समय विज्ञापन एक सीधी लीक पर चलते थे अत: यह एक बिल्कुल नया प्रयोग था। विमल साड़ियों के विज्ञापनों में विमल युवती को सहज व कुदरती तौर पर एक बच्ची के साथ खेलते दिखाया गया था, जिसने इस विज्ञापन में नई जान डाल दी। यह सादा व दूरदर्शी कदम, न केवल विमल बल्कि इस पूरी श्रेणी को काफी आगे ले गया।

एक क्रिकेट मैच से नए चलन की शुरुआत

लोग मुझे हमेशा कहते हैं कि 1980 का दशक मुद्रा के लिए काफी जबरदस्त रहा। मुझे लगता है कि ऐसा इसलिए था

विमल के लिए विवियन रिचर्डस

क्योंकि हम लोग तब छोटे थे, और आपके पास मुद्रा में सफलता पाने का एक ही तरीका था 'नई योजना'। मैंने व मेरी टीम ने जो भी नए उपाय आजमाए उनमें से ज्यादातर सफल रहे व लाइमलाइट में भी आए। उन्हें जनता का भरपूर प्यार मिला।

हमारे निदेशक शांतनु शौरी भी वेस्टइंडीज़ व भारत के बीच हो रहे मैच को देखते-देखते, ऐसी ही एक रौ में बह गए। उनके दिमाग में अचानक यह विचार आया कि पूरी क्रिकेट टीम, विमल में कितनी अच्छी दिखेगी। उन्होंने मुझे स्टेडियम से ही फोन करके पूछा कि क्या वे टी.वी के लिए एक विज्ञापन फिल्मा लें।

यह सब कुछ बहुत जल्दी किया जाना था क्योंकि मैच के फौरन बाद ही टीम को उड़ान भरनी थी। हमारे पास न तो कोई

स्क्रिप्ट थी, न बजट और न ही पहले से तय किए अनुमान! मैंने 'हाँ' कह दी और फिर तो सब जानते ही हैं। सुपरसोनिक गति से बिना किसी माप के, अंदाज़े के साथ सूट सिले गए। उन्हें शूटिंग की जगह पर वायुमार्ग से भेजा गया। अनुमति ली गई और इस तरह विवियन रिचर्ड के भारी गले से निकली आवाज 'ओनली विमल' वाले विज्ञापन का जन्म हुआ।

सपने देखने वालों को प्रोत्साहन दो- अगर तुम किसी काम का सपना देख सकते हो, तो उसे पूरा भी कर सकते हो

मैंने धीरुभाई अंबानी से यह नज़रिया सीखा। उन्होंने हमें सपना देखना सिखाया व उन्हें साकार करने का साधन भी दिया। मैंने देखा कि किस तरह ऐसा अक्सर किसी भी व्यक्ति को असामान्य रूप से प्रेरित कर सकता है। मैंने अपने सहकर्मियों को भी यही सिखाया क्योंकि उनकी तरह मैं भी यही मानता हूं कि कोई भी विचार मूर्खतापूर्ण नहीं होता।

दरअसल 1988 में, हम लोग मुद्रा में साफ-सफाई से लेकर ब्रांड आइडिया तक हर क्षेत्र में नए विचारों के मुरीद हो गए थे। हमने नए विचार प्रस्तुत करने वाले के लिए पुरस्कार की घोषणा भी की थी। यह सब ज़बानी जमा खर्च नहीं था।

हमें सचमुच इससे फायदा भी हुआ। मुद्रा को पहले तीन सालों की अपेक्षा, इस वर्ष अधिक लाभ हुआ व पुरस्कार मिले। मेरा मानना है कि यह तरीका काफी कारगर रहा क्योंकि पुरस्कार देना बंद करने के बावजूद मेरे सहकर्मी नए-नए विचार प्रस्तुत करते रहे।

वास्तव में, यह सब इतना संक्रामक था कि संभावनाओं से भरपूर नए लोगों को ही टीम में शामिल किया जाता था। मुद्रा डॉट कॉम भी ऐसे ही बनी। उस समय कोई भी भारतीय एजेंसी 'ऑनलाइन' नहीं थी। वेब की दुनिया भी एकदम नई थी। मेरे एक सहकर्मी ने सुझाया कि मुद्रा की अपनी साइट हो तो कितना अच्छा हो! मैंने भी हमेशा की तरह हामी भर दी। और अगर मुझे ठीक याद है तो यह साइट किसी पेशवेर वेब डिज़ाइनर की बजाए एक लेखक व निदेशक द्वारा तैयार की गई थी।

अगर यह नहीं है, तो इसे बनाओ

मुद्रा का जन्म भी एक अलग सी कहानी है। धीरुभाई भी एक अलग किस्म के इंसान थे। एक समय था, जब विमल के विज्ञापनों का काम विमल 'सिमोस' देखते थे, उनके पास रेमंड नामक प्रतियोगी ब्रांड भी था। मैं रिलायंस में

विमल की प्रारंभिक प्रैस कॉनफरेन्स में धीरुभाई और लेखक

विज्ञापन प्रबंधक के तौर पर विमल को संभाल रहा था। जब तक हमारा उत्पाद साड़ियों व ड्रैस मैटीरियल तक सीमित रहा, सब कुछ ठीक-ठाक चलता रहा लेकिन जब इसमें सूटिंग्स को भी शामिल किया गया तो परेशानी पैदा हो गई। फ्रेंक सिमोस को इन दोनों ब्रांडों में से किसी एक का चुनाव करना था। उसने रेमंड को चुना।

धीरुभाई अंबानी को इससे कोई अंतर नहीं पड़ा, हम दोनों ने मिलकर फैसला किया कि अपना ब्रांड किसी दूसरी एजेंसी को देने की बजाए हम अपनी एजेंसी खोलेंगे। और इस तरह हमारी 'मुद्रा' का जन्म हुआ।

बड़ी हैरानी की बात है कि मुद्रा की बाकी शाखाओं का जन्म भी इसी तरह हुआ। आवश्यकता ही हमारी समूह कंपनियों की जननी बनी। यह सब टी.वी. धारावाहिकों के निर्माण के लिए

'वीडियोटेक' से शुरू हुआ। इंटरैक्ट अर्द्धशहरी व्यवसायों व उद्यमों के लिए थी तथा अपने-आप में काफी असाधारण थी। यह एक ऐसा अनोखा मॉडल था जिसे आजकल ज्यादातर कंपनियाँ अपना रही हैं। समीर, एक निजी शोध संस्था थी, यह मेरे लिए काफी सहायक रही क्योंकि मैं किसी भी रचनात्मक नीति को ग्राहक को या नौ स्थानों पर स्थित शाखाओं पर दिखाने से पहले जांचना पसंद करता था।

हमने ज्यादातर शाखाएँ ऐसे शहरों में खोलीं, जहाँ हमारे पास एक भी खाता नहीं था। आमतौर पर उद्योग में पहले ग्राहक खोज कर, उस शहर में शाखा खोली जाती थी लेकिन हम सबसे अलग थे, ज्यों ही कोई उचित व्यक्ति दिखाई देता, हम उस शहर में शाखा खोल देते! यह कहने की आवश्यकता नहीं है कि सारी शाखाएँ आरंभ से ही बहुत बढ़िया काम कर रही हैं।

भारत में भारतीय होने का अर्थ

हो सकता है कि यह आज सुनने में अजीब लगे लेकिन सत्तर व अस्सी के दशक के, विज्ञापन जगत में भारतीय होना आसान नहीं था। यह सब कुछ मेडीसन एवेन्यू बैंचमार्क व काले साहब से संबंध रखता था। भारतीय बातचीत के लहज़े, खान-पान व काम करने के तौर-तरीके, सब को हिराकत की नज़रों से देखा जाता था!

—किंतु कितनी हैरानी की बात है कि हमारे हर काम से हमारी भारतीयता ही झलकी और लोगों ने उसे सराहा। किस्मत से, धीरुभाई अंबानी व रिलायंस भी इसी भारतीयता के साथ आगे बढ़े व आधुनिक भारत के कीर्ति स्तंभ बनाते चले गए और 'मुद्रा' में मैं भारतीय मूल्यों पर डटा रहा।

मुद्रा प्रारम्भ की सभी मुख्य घटनाओं की विशेषता सूचक रास्ते-मुद्रा हाऊस के लिए भूमि पूजन – हमारा कोरपोरेट ऑफिस अहमदाबाद 1989

इन सबका अर्थ था कि हम पूजा के साथ अपने कार्य का श्रीगणेश करें व साथी-साथी परंपरा की बजाए गुरु-शिष्य परंपरा का पालन करें। हमने हॉलीवुड व पश्चिम से प्रेरणा लेने की बजाय अपनी रचनात्मक टीम को भारतीयता में रंगने के लिए प्रोत्साहन दिया।

हमने अपने प्रशिक्षुओं के पहले दल को बिना किसी ब्रांड वाले साबुन बेचने के लिए घर-घर भेजा। जब वे एक भी साबुन

बेचे बिना बैरंग लौटे तो उन्हें भारत में उत्पाद बेचने का पहला सबक मिल चुका था। उन्होंने सबसे पहले यही सीखा कि भारतीय गृहिणियाँ क्या चाहती हैं व क्या पसंद करती हैं। भारतीयता पर डटे रहने के संकल्प ने कुछ प्रशंसक बनाए तो कुछ तत्कालीन नेताओं से आलोचना भी पाई। आज के विज्ञापन परिदृश्य पर नज़र डालें तो यह कह सकते हैं कि अगर आप किसी चीज़ पर सच्चे मन से विश्वास रखते हैं व उस विश्वास को लंबे समय तक बनाए रखते हैं तो बाकी दुनिया भी एक दिन आपके दृष्टिकोण को समझेगी।

फिर डी.डी.बी. इंटरनेशनल बिजनेस और एक नई कक्षा का जन्म

1987 के दौरान, मुझे पौराणिक डी.डी.बी. के साथ काम क़रने का अवसर मिला। बस एक छोटी सी दिक्कत थी। मुझे न्यूयार्क में डी.डी.बी. इंटरनेशनल बिजनेस के अध्यक्ष एलन पिलकिंगटन से मिल कर सौदे के बारे में बातचीत करनी थी। मैंने सोचा कि यह सब कहना आसान लेकिन करना काफी मुश्किल। खासतौर पर तब, जब वे भारत में अपना एक दल भेज चुके तथा काफी हद तक तय कर चुके हैं कि वे किसे अपना सांझेदार बनाएँगे। मैं वहाँ गया, मुद्रा के बारे में बातचीत की, एजेंसी से जुड़े सपनों के बारे में बताया व लौट आया। बाद में

एलन ने मेरे बारे में कहा 'पहले-पहल तो मैं कुछ समझ ही नहीं पाया, वे काफी तेजी से बोल रहे थे इसलिए उन्हें समझने में मुश्किल हो रही थी। वे आक्रामक रुख अपनाए बिना भी काफी विश्वस्त लग रहे थे---वे एजेंसी की संस्कृति व निजी मूल्यों के विषय में अधिक लगाव दिखा रहे थे।" उन्होंने मुद्रा को असाधारण बताते हुए कहा कि मैं मुद्रा की 'आत्मा' था। फिर उन्होंने कहा कि मैं काफी खुले दिल वाला रोचक व्यक्ति, एक अच्छा दोस्त व साझेदार हूँ।

वैसें, भाग्यवश, मेरे लिए सब कुछ अच्छा ही हुआ, दोनों ही कंपनियाँ एक जैसी सोच वाली थीं। उन्होंने बाद में कहा कि डी.डी.बी. को भी एजेंसी की संस्कृति व निजी मूल्यों का काफी ध्यान था। उन्हें हमारे टी.वी. कार्यक्रम व शोध काफी आकर्षक लगे। चाहे जो भी हो, हमने एक साथ व्यवसाय किया और मेरा एक सुंदर सपना साकार हुआ।

हम सचमुच बड़ा क्यों बनना चाहते थे?

शायद आप सोचेंगे कि यह काफी अजीब प्रश्न है, वृद्धि व विकास तो किसी भी जीवित प्राणी की इच्छा हो सकती है। लेकिन मेरे लिए इस विकास से जुड़ी एक और बात यह थी कि मैं बहुत शालीन व तालमेल युक्त तरीके से फलना-फूलना चाहता था। मुझे विशालता के लिए कोई कारण चाहिए था और यह

जल्द ही सामने आ गया। मैंने अपने सहकर्मियों को लिखे पत्र में भी यह विचार बाँटे। (मैं उनसे लगातार बातचीत करता रहता था, मैं उनके साथ के बिना अकेला कहीं नहीं जाने वाला था।) मेरे पास चार बुनियादी प्रश्न थे:-

1. क्या हम पहले से बड़े हुए?
2. क्या हम पहले से बेहतर हुए?
3. क्या हम बड़े व बेहतर हो सकते हैं?
4. क्या हमें विकास की कोई आवश्यकता है?

इस संवाद से यह झलकता था कि हम सभी तीसरा विकल्प चाहते थे, लेकिन किस हद तक? हमने तय किया कि विशालता से हम ज्यादा बेहतर खरीद सकते थे (मीडिया पर ज्यादा ध्यान दिया गया)। हम अपने ग्राहकों को केवल विज्ञापन की बजाए पूरक संचार सौंप सकते थे। हम नेतृत्व कर सके, हम माइका (MICA) जैसे बड़े सपने साकार कर सके और हमारे परिवारों को भी गर्व होगा कि हमने एक सफल कंपनी के लिए काम किया।

योग्यता व दक्षता के मेल का प्रयास

यह बिल्कुल सच है। किसी बड़ी कंपनी की योग्यता का छोटी कंपनी की दक्षता से मेल करना सचमुच काफी मुश्किल होता है। प्रतिक्रिया की गति पहली दुर्घटना होती है और फिर

गुणवत्ता की बात आती है, ग्राहक इसे ही मुद्रा का तरीका कहते हैं, इसलिए हमने लगातार इस संतुलन को बनाए रखने का भरसक प्रयास किया। हमें इस विषय में अंतर्राष्ट्रीय सहायता भी मिली। डी. डी. बी., के. आर. ओ. आइ. व स्प्रिंग बोर्ड हमारे अपने प्राप्त बोर्ड --- त्रिआयामी बैंचमार्किंग, कार्यशालाएँ, सेमीनार, कांफ्रेंस आदि हमने वो सब कुछ किया जिसकी उम्मीद हमारे ग्राहक रखते थे। हमने उन्हें पूरी 'मुद्रा गुणवत्ता' भी सौंपी

पुरस्कारों के साथ मिली आलोचना

जब हम बहुत तेजी से आगे बढ़ने लगे तो हम पर लोगों की अंगुलियाँ उठने लगीं। 'फ्री आर्ट वर्क व 200 दिन का उधार समय' आलोचना का यही विषय होता था। हालांकि मैंने कई तरीकों से अपने आलोचकों को समझाने की कोशिश की लेकिन अफवाहें थमने में नहीं आ रही थी। एक समय ऐसा भी आया, जब मेरे सारे साक्षात्कारों में मुझे इसी के लिए दोषी ठहराया जाने लगा विडंबना यह थी कि यह सब तभी होता था जब मुझे कहीं सम्मानित किया जाता था!

इस तरह मुझे यह सारी आलोचना व निंदा फूलों के गुलदस्ते के साथ उपहार में मिलती थी! मैंने भी एक काम किया। जो कोई हमारे खाते देखना चाहता था, मैं उन्हें वे सब

दिखाने को तैयार हो गया मैं उनसे कहता कि वे किसी भी शीर्षस्थ एजेंसी के साथ हमारे खातों की तुलनात्मक जांच करें व पता लगाएँ कि हमारे ऊपर लगाए गए इल्जाम सही थे अथवा गलत!

तब कोई भी आगे नहीं आया और इस तरह यह सारी आंधी थम गई।

धूम्रपान पर पाबंदी

एक से दूसरी कक्षा में जाने के लिए मुझे काफी कड़ी मेहनत करनी पड़ी। मैं एक चेन स्मोकर था। मुद्रा के पहले दस वर्षों के दौरान तो मैं एक दिन में 30 से भी ज्यादा सिग्रेट पी जाता था। अचानक एक दिन मैंने फैसला किया कि बस, अब बहुत हुआ।-- और मैंने रातोंरात सिगरेट छोड़ दी। मैंने इसे अपने स्वास्थ्य के साथ जोड़ दिया। तब मैंने गाड़ी पर ज्यादा सवारी करने की बजाए पैदल चलना शुरू कर दिया। छोटा सा अवसर पाते ही मैं पैदल चलने की कोशिश करता। यहाँ तक कि मैं घर से ऑफिस भी पैदल जाने लगा। मैं सीढ़ियाँ इस्तेमाल करता था, जिसे मैंने अपने सहकर्मियों के लिए भी आवश्यक कर दिया। जब मुझे एहसास हुआ कि सिगरेट स्वास्थ्य के लिए कितनी खतरनाक हो सकती थी तो मैंने मुद्रा में सिगरेट पीने

पर पाबंदी लगा दी। मुझे उन सभी सहकर्मियों का विरोध भी झेलना पड़ा जो विज्ञापन जगत से जुड़े लोगों की तरह सिगरेट को अपनी जीवनशैली का अंग मानते थे। धुंआदार कांफ्रेंस कक्षों में ही तो नए-नए विचार उपजते थे। आज! मुद्रा का हर ऑफिस बहुत हरा-भरा हो गया है। किस्मत से अब हमारे ज्यादातर ऑफिस ऐसे ही हैं।

लेट-लतीफ सहकर्मी

समय की पाबंदी एक ऐसा मुद्दा था, जिस पर मैं व मेरी पूरी टीम स्थायी रूप से उलझते आ रहे हैं। मेरे लिए पूरी व्यस्त दिनचर्या के बीच ऑफिस में देर से आने का मतलब था कि मैं दूसरे व्यक्ति के समय का अपमान कर रहा हूँ। मुझे यह कतई मंजूर नहीं था। मेरे लेट-लतीफ सहकर्मी समय पर आएँ, इसके लिए हमने कई तरीके आज़माए लेकिन कोई काम नहीं आया। मैंने कभी अपनी अप्रसन्नता जाहिर नहीं की। आज तेईस वर्षों के बाद मैं इस नतीजे पर पहुँचा हूँ कि देर से आने वाले हमेशा ऐसे ही रहते हैं, उन्हें किसी भी तरह बदला नहीं जा सकता।

'भारतीय व्यावसायिक कंपनी' वाक्य की मीठी धुन

1985 के लगभग, हमने भारतीय व्यावसायिक कंपनी के बारे में बात करना शुरू कर दिया था। यह मेरे लिए बड़ी खुशी की बात थी- भारतीय होना, व्यावसायिक होना व इतना बड़ा होना कि उसकी परिभाषा दी जा सके। मैंने जल्द ही मुद्रा को एक इंडियन प्रोफेशनल कंपनी के रूप में पेश करना शुरू कर दिया। यह मेरे लिए अच्छे व नामी ब्रांडों, अच्छे मूल्यों वाले भले लोगों (जो एक दूसरे को चाहते थे) का सफल पोर्टफोलियो था जो एक ऐसे श्रेष्ठ व्यावसायिक माहौल में काम करते थे, जहाँ ईमानदारी को प्रोत्साहन मिलता था और राजनीति का कोई काम नहीं था।

अगर आप अपनी व्यावसायिक प्रतियोगिता को हमारी काम करने की योग्यता के साथ मिलाते हैं तो आप एक 'इंडियन प्रोफेशनल कंपनी' पा सकते हैं। इसी ताकत ने हमें वह सब करने की शक्ति दी, जो अब तक कोई एजेंसी नहीं कर पाई थी हम बहुत तेजी से फले-फूले। कुछ लोग हमसे नफरत करते थे तो कुछ प्यार भी। इस सबकी परवाह न करते हुए, हम आगे बढ़ते रहे

अरे 'मुद्रा?' मेरी रुचि नहीं है'

1980 के प्रारंभिक दौर में, हमने जिस किसी विज्ञापन व्यवसायी को नियुक्ति का प्रस्ताव भेजा, वहाँ से हमें यही जवाब मिला लेकिन हकीकत यही थी कि हमें काम करने वाले लोग चाहिए थे। उन्हें लुभाने के लिए ऊँचे वेतन व पदों के प्रस्ताव पेश किए गए जो कि उस समय के हिसाब से काफी बेहतर थे।--- लेकिन जब मेरे पुराने कर्मचारी (जिन पर मैं निर्भर था और जिनकी कद्र करता था) मुझे सवालिया निगाहों से देखने लगे तो मैं क्या कर सकता था, वे नए कर्मचारियों की इस वेतन वृद्धि पर चकित थे। मैंने वही किया, जो मुझें सही लगा। मैंने उनके वेतन भी बढ़ा दिए किसी भी पुराने व अनुभवी कर्मचारी की कीमत पर नए कर्मचारी को नहीं रखा।

विज्ञापन व्यवसायी संस्थान–माइका

मुद्रा के इतिहास में माइका (मुद्रा इंस्टीट्यूट ऑफ कम्यूनिकेशंस, अहमदाबाद) के बीज तो बहुत पहले ही बोए जा चुके थे। हमने पूरे भारत से कुछ ऐसे बच्चों को चुना, जिन्हें हम अपने तरीके से प्रशिक्षण दे सकें। 'माइका' इसी सपने को साकार रूप देने के लिए था। मैंने सोचा कि अगर मुद्रा को विज्ञापन व्यवसायी

'माइका' एडमिनिस्ट्रेटिव ब्लाक का दृश्य

चाहिए तो साहित्य या इंजीनियरिंग के स्नातकों को लेने की बजाए विज्ञापन व्यवसायी ही क्यों न तैयार किए जाएँ क्योंकि विज्ञापन उद्योग को भी उनकी आवश्यकता होगी।

अत: 2 साल बाद, 2 करोड़ की लागत से तैयार 20 एकड़ में फैले कैंपस को विज्ञापन उद्योग व विज्ञापन जानकारी व ज्ञान के लिए समर्पित कर दिया गया। मैं तो यहीं मानता हूँ कि 'माइका' अपने-आप में विलक्षण हैं क्योंकि इसने शिक्षाविद् व व्यावहारिक व्यक्ति के बीच की खाई को पाटने की कोशिश की। मैंने उन्हें उद्योग से ही अध्यापक चुनने के लिए प्रोत्साहित किया ताकि सबको दर्शन तथा व्यावहारिकता का मेल दिया जा सके।

मैं व मेरा अहम्

मुझे एजेंसी व उसके नेटवर्क से ज्यादा तालमेल न रख पाने की भारी कीमत चुकानी पड़ी। मैंने मुद्रा के लिए जो भी किया मुझे आलोचना का शिकार बनना पड़ा। जब हमने 'माइका' पर काम करना शुरू किया तो चारों ओर से फुसफुसाहटों के स्वर सुनाई देने लगे कि मैं यह सब कुछ अपने अहम् की तुष्टि के लिए कर रहा था उन्होंने बड़े ही अजीब तरीकें से यह सार निकाला कि मैं इस संस्था के बहाने एक विरासत छोड़ना चाहता था। यह सब तब भी हुआ था जब हमने आमने-सामने बातचीत का दौर शुरू किया था। इसे भी मेरी निजी अहम्-यात्रा का नाम दिया गया।

क्या इस भ्रम ने मुझे परेशानी में डाल दिया? वैसे मेरी माँ हमेशा कहती थी - सूरज हर रोज सुबह उगने से पहले, अपने आने का प्रचार नहीं करता। यह चुपके से उगता है, पूरी दुनिया को अपनी उर्जा दे कर, चुपचाप अस्त हो जाता है। इसे यह परवाह नहीं होती कि लोग इसके बारे में क्या कहते हैं इस छोटी सी कहानी ने, मुझे उन दिनों में अपना संतुलन बनाए रखने में मदद की।

प्रतिवादों की एजेंसी

हमारे 17वें वर्ष के दौरान, विक्रम डॉक्टर ने अपनी सूक्ष्म दृष्टि से हमारा निरीक्षण किया व एक लेटर लिखा। मैं उनके लेख का एक अंश प्रस्तुत करना चाहता हूँ। इससे आपको पता चलेगा कि लोग उस समय हमारे बारे में क्या सोचते थे–

यदि मुद्रा को एक ही शब्द में परिभाषित करना हो तो इसे 'असंगतियों या प्रतिवादों' की एजेंसी कह सकते हैं। यह भारत की विशाल विज्ञापन एजेंसियों में एक है और भारत की विज्ञापन नगरी मुंबई से काफी परे है। यह पारिवारिक स्वामित्व का व्यवसाय हैं। (जिसे रिलायंस नहीं, अंबानी संभालते हैं।) लेकिन इसमें परिवार की कोई भूमिका नहीं है। यह सब कुछ एक व्यक्ति कृष्णामूर्ति द्वारा तैयार किया गया हैं इतने बड़े व्यवसाय को चलाने के बावजूद उन्हें बहुत कम लोग ही जानते हैं। यह एकमात्र विशाल विज्ञापन ऐजेंसी हैं, जिसका 'लोगो' हिंदी में है, हालांकि इसके तार विदेशों तक जुड़े हैं।

रचनात्मक रूप से मुद्रा ने कभी कोई समझौता नहीं किया। प्रति वर्ष एजेंसी पुरस्कार ग्रहण करती आ रही है। मुद्रा ही एक मात्र ऐसी एजेंसी है, जिसने हमें मीका के रूप में उद्योग को तोहफा दिया है।

जब मैंने इसे पढ़ा तो मुझे एहसास हुआ कि हमने विशालता की योग्यता व लघुता की दक्षता के संतुलन को साध ही लिया, जिसके लिए हम सबने कड़ी मेहनत की थी।

मैगइंडिया डॉट कॉम

ज्यादातर विज्ञापन एजेंसियों में प्रतियोगियों की गार्ड बुक तैयार की जाती है। जिसे बनाने में काफी समय लगता है ऑफिस का चपरासी अख़बारों की कटिंग काट-काट कर चिपकाता रहता है। इन सबसे बचाव के लिए 'मोक्ष' सामने आई। यह साइबरस्पेस के रूप में थी। अनंत भंडार को थोड़े से समय में समेट दिया गया जो कि एक-दो क्लिक के बाद ही पर्दे पर सामने आ जाता था।

यह कुछ ऐसी आजादी थी, जिसकी मुझे काफी लंबे समय से चाह थी। हमेशा की तरह मैंने सोचा कि अगर यह फायदेमंद है तो इसे दूसरों के साथ क्यों न बाँटा जाए? इस तरह भारत की पहली (मेरे विचार में एकमात्र) विज्ञापन अभिलेखागार मैगइंडिया डॉट कॉम का जन्म हुआ। अब हमारे पास एक पूरा ऑफिस है, जहाँ इंडियन प्रेस की हर छोटे से छोटे टुकड़े को काटने, स्कैन करने, तस्वीर उतारने, रिकॉर्ड रखने व अपलोड करने का काम बखूबी संभाला जाता है।

'मुद्रा' जैसे लोग

मुझसे अक्सर कई लोग जानना चाहते हैं कि मेरे विचार से कौन से लोग 'मुद्रा जैसे लोग' थे। मेरा तो यही मानना हैं

कि 'मुद्रा जैसे लोग' तो आज भी पाए जाते हैं क्योंकि ये वही लोग हैं जो एजेंसी को इतनी तेजी से यहाँ तक लाए हैं। ऐसा काम कोई कर ही नहीं सकता था, यह इसलिए भी निश्चित रूप से कहा जा सकता है क्योंकि हमारे कोई पूर्ववर्ती नहीं थे।

विज्ञापन जगत को कोई ऐसा अच्छा व्यक्ति, जिसके पास अच्छे मूल्य हों तथा एक अच्छा व्यवसायी भी हो, उसे उसी रूप में परिभाषित कर सकते हैं। मैं 'मुद्रा' में इसी तरह के लोग चाहता था क्योंकि हैरानी की बात तो यह थी कि गुणों का ऐसा मेल पाना आसान नहीं था। भाग्यवश हमें ऐसे अनेक व्यक्ति मिले, जब भी मुझे ऐसा कोई व्यक्ति मिल जाता तो मैं चुपचाप ईश्वर से इसके लिए धन्यवाद की प्रार्थना कर लेता।

तालियों की गड़गड़ाहट

एक वो भी समय था जब भारत की विज्ञापन एजेंसियों की एसोसिएशन ने हमें अपनी सदस्यता देने से इंकार कर दिया था क्योंकि हमारी एजेंसी के पास केवल एक ही ग्राहक था।

19 वर्ष बाद, उन्होंने मुझे व मुद्रा को अपना सबसे ऊँचा सम्मान दिया व 'उद्योग जगत में अतुलनीय योगदान' के लिए

'प्रेमनारायण पुरस्कार' से सम्मानित किया। यह सब कुछ यहीं नहीं थमा। मीडिया इंटरनेशनल यूके ने मुझें दुनिया के '25 बेहतरीन एडमैन' में से एक माना। जब ये दोनों पुरस्कार मिले तो मेरे मन में बस एक ही विचार आया।

'अगर आप किसी काम का सपना देख सकते हैं तो सचमुच उसे साकार भी कर सकते हैं'

जो मैंने सीखा

जिन अध्यायों को आप पढ़ने जा रहे हैं, उन्हें मैं 'जीवन के स्वर्णिम कणों' के रूप में परिभाषित करना चाहूँगा; मैंने जो कुछ भी सीखा, वे सब पाठ काफी कठिन तरीके से याद हुए। इन्हीं अनुभवों ने मुझे व 'मुद्रा' को नया आकार दिया और एक अच्छे व्यक्ति व एजेंसी के रूप में सामने लाए।

इन पृष्ठों में दिए गए लेख 8 अगस्त 2003 से 20 अगस्त 2004 तक 'बिज़नेस स्टैंडर्ड' में पाक्षिक रूप से 'ए. जी. के स्पीक' नाम स्तंभ के अंतर्गत छपते रहे हैं।

आपका काम आपकी तारीफ करेगा

मेरी माँ ने बचपन में मुझे एक सीख दी थी जिस पर मैं पूरी वफादारी से टिका हुआ हूँ और मैंने ज़िंदगी से भी यही सबक सीखा है। मेरी माँ ने मुझे बताया- "सूरज सुबह उगने के बाद लोगों को यह नहीं बताता कि वह दिन कितना रोशन होने वाला है। लोगों को स्वयं ही उसकी गरमाहट का एहसास होता है"

वर्तमान में, हमने विपणन (मार्केटिंग) में इसे अपने शस्त्रागार का एक हिस्सा बना लिया है। जब भी आप किसी चतुर क्रेता को अपना माल बेचने निकलते हैं तो आपका प्रदर्शन ही बिक्री का सबसे बड़ा कारण बनता है। यह सब कुछ सुनने में कितना भी आसान व सहज क्यों न लगे, परंतु हम अक्सर इसे भूल जाते हैं। इसके अलावा, उच्च पदासीन व्यक्ति बड़ी-बड़ी डींगों को जल्द ही पहचान जाते हैं, उन्हें उसके बाद के खराब प्रदर्शन का पहले ही अंदाज़ा हो जाता है।

मैं व मेरी टीम एक अच्छे व ऊँचे ब्रांड के लिए किसी मंत्री के सामने प्रदर्शन दे रहे थे, उसी दौरान मुझे यह दर्दनाक तजुर्बा हुआ। हमने विज्ञापन एजेंसी स्टाइल में उन्हें यह समझाना शुरू

कर दिया कि हम कितने खास व अलग थे। मंत्री जी ने बीच में ही, मेरी ओर देखा व साफ शब्दों में कहा "ए. जी. के., तुमने मुझे खो दिया"

इन तीन शब्दों ने लाल बत्ती की तरह मुझे चेता दिया कि मैं गलत राह पर था। मेरा जी चाह रहा था कि हम फिर से प्रदर्शन देते और अपनी एजेंसी की बड़ाई वाला हिस्सा सबसे आखिर में रखते। हमने छोटी सी मूर्खता से वह अवसर गँवा दिया था। अत: हमने उसके बाद वाले प्रदर्शनों पर पूरा ध्यान देना शुरू कर दिया। लेकिन हाँ, यह सबक मुझे सारी ज़िदगी याद रहेगा।

सादगी का रहस्य

सूक्ष्मदृष्टि विज्ञापन जगत के लिए सबसे बड़ी चुनौती है। एक बार आपने इसे पा लिया तो आपका विज्ञापन सफल होगा, ग्राहक खुश होगा, उसका उत्पाद बिकेगा और सभी संतुष्ट रहेंगे। ग्राहक के प्रति अंतर्दृष्टि, मुख्य तत्त्व के लिए अंतर्दृष्टि व उत्पाद की गहरी जानकारी विज्ञापन की दुनिया में हम इसी क्षणिक विशेषता को पाने के लिए पूरा जीवन लगा देते हैं। हममें से कुछ इस तलाश की प्रक्रिया में औंधे मुँह गिरते हैं तो कुछ आकाश छू लेते हैं। मेरी अंतर्दृष्टि से जुड़ी प्रारंभिक यादें 'रसना' से जुड़ी हैं। हमें यह काम दिसंबर 1982 में मिला व कैंपेन अगले साल फरवरी में हुआ। विज्ञापन काफी सादा व अच्छा था। हमारी हेडलाइन में 'होम मैजिक' लिखा था जिसके साथ रसना से बने 32 गिलास दिखाए गए थे।

हमने सोचा था कि हमने अपने ग्राहकों तक पहुँच बना ली लेकिन किस्मत से हमने फैसला किया कि उसे गृहिणियों तक पहुँचाएं क्योंकि हमारी असली ग्राहक तो वही थीं। सब कुछ ठीक-ठाक था लेकिन समूह की एक महिला बोल पड़ी। उसे

'हमारे विज्ञापन से थोड़ी परेशानी थी। उसे लग रहा था कि हमने विज्ञापन में जो गिलास इस्तेमाल किए थे, वे कुछ-कुछ वैसे ही लगते थे, जिनमें उसके पति शराब पीते थे। इस मुद्दे से निपटने के दो तरीके थे, हम उसकी बात अनसुनी कर देते या मामला सुलझाने की कोशिश करते। हमने मामला सुलझाने का फैसला किया। हमारी क्रिएटिव टीम ने गिलास में एक स्ट्रॉ डाल दिया। यह हल तो काफी सरल था और इसे उसी समय स्वीकृति भी मिल गई। यह पिछले 21 वर्षों से ब्रांड आइकॉन बना हुआ है।

यह सही मायने में ग्राहक अंतर्दृष्टि कहलाती है। यह हमारे खास दर्शकों के मुख से हम तक पहुँचती है। सबसे खास बात तो यह है कि यह हमारे चारों तरफ मौजूद है। हमारे क्रेता हमें अक्सर इसे देना चाहते हैं व रसना वाली गृहिणी जैसे कई ग्राहक समस्या का हल भी थमा देते हैं। बस हमारे विज्ञापनकर्ताओं को इन बातों पर ध्यान देना आना चाहिए। एक बार यह गहरी जानकारी आप तक पहुँच गई तो उत्पाद की बिक्री में ज्यादा मेहनत नहीं लगेगी और सादगी से भरपूर विज्ञापनों का सबसे बड़ा जादू यही है।

आप कितने स्पष्टवादी हो सकते हैं

मैं आपको एक ऐसा प्रसंग सुनाना चाहता हूँ, जिसने मेरे बाकी कैरियर को व्यावसायिक रूप से बदल दिया। यह उन दिनों की बात है, जब विमल को प्रतिभाशाली स्वर्गीय 'फ्रेंक सिमोस' संभाल रहे थे और मैं उन दिनों इस ब्रांड का विज्ञापन प्रबंधक था। हम विमल की इमेज को थोड़ा और स्टाइलिश बनाना चाहते थे। इसके लिए एजेंसी ने एक कैंपेन का प्रबंध किया। इसके लिए कोई खाका नहीं खींचा गया था जो कि आमतौर पर ऐसे क्रिएटिव कामों के लिए होता था। एजेंसी की इस बड़ी योजना में हैलीकॉप्टर, एअरपोर्ट, आज्ञा, खर्चीले डिजाइनर व मॉडल आदि शामिल थे, एक अच्छे नतीजे तक पहुँचने के लिए खुले हाथ से खर्च हो रहा था। और फिर इसका प्रदर्शन हुआ।

मैंने इसे पहले देखा और मैं दुविधा में पड़ गया। सच तो यह था कि मैं इस कैंपेन पर होने वाली मेहनत और निवेश के बारे में जानता था इसलिए मुझे इसकी सच्चाई बयान करने की हिम्मत नहीं हुई। इसके बाद श्री धीरुभाई अंबानी के सामने प्रदर्शन हुआ। उन्होंने मेरी ओर देखा व मेरी आंखों में उस दुविधा

को भांप लिया। वे फ्रेंक की ओर मुड़े व पूछा कि उन्हें वह कैंपेन कैसा लगा? फ्रेंक ने स्पष्ट शब्दों में कहा कि उन्हें वह पसंद नहीं आया। मेरे लिए यह पल जिंदगी बदल देने वाले थे। निश्चित रूप से फ्रेंक की जेब इतनी भारी नहीं थी कि वह इतना खर्चा उठा पाते परंतु फिर भी, उनकी व्यावसायिक ईमानदारी इतनी अधिक थी कि वे झूठ नहीं बोल सके। इतने बड़े नुकसान के खतरे के बावजूद उन्होंने सच ही कहा। उन्होंने धीरुभाई के मत का ही समर्थन किया कि उस काम में विपुलता के बावजूद आत्मा नहीं थी यानी गहराई का अभाव था।

यद्यपि उन्होंने इस प्रदर्शन के बाद विमल के लिए सर्वश्रेष्ठ 'ओनली विमल' कैंपेन तैयार किया किंतु उनके इस एक फैसले ने मुझे गहराई से प्रभावित किया। किसी भी कीमत पर अपनी व्यावसायिक ईमानदारी व्यक्त करने से न घबराएँ। ग्राहक के व आपके अपने हित के लिए आवश्यक है कि आप अपने विश्वास पर अडिग रहें

धन्यवाद फ्रेंक। आपने जो सबक दिया, वह मुझे किसी किताब में नहीं मिल सकता था।

अगर आप सपना देख सकते हैं तो उसे साकार भी कर सकते हैं

मुझे वाल्ट डिज़नी के इस सिद्धांत में पूरा भरोसा है कि "अगर आप सपना देख सकते हैं, तो उसे साकार भी कर सकते हैं" मैं इसे अपने जीवन की दो घटनाओं के माध्यम से बताना चाहता हूँ।

70 के दशक में मैं, उस समय की अच्छी व बड़ी विज्ञापन एजेंसी 'शिल्पी' में काम करने वाला 'एकाउंट एक्ज़ीक्यूटिव' था। मैं अहमदाबाद के 'भवन जर्नलिज़्म स्कूल' में भी पढ़ाता था। विज्ञापन जगत से जुड़े लोगों की तरह, मेरे हीरो भी बर्नबैच थे। उनके काम व दर्शन ने ही मेरे जीवन को भरपूर बनाया। सभी सपने देखने वालों की तरह, मैंने भी सपना देखा कि मैं एक दिन 'डी.डी.बी.' के साथ काम करूँगा। यह मेरी फैंटेसी में बहुत स्पष्ट रूप से अंकित रहा क्योंकि इसी की संभावना काफी क्षीण थी। डी.डी.बी और मैं भारत में?!! मैं क्या सोचता रहता था? मुझे खुशी है कि मैं मूर्ख था। मुझे खुशी है कि मैंने अपने सपने को जकड़े रखा। क्योंकि जिंदगी आने वाले दस सालों में ही, हमें एक साथ ले आई। जिसके बारे में मैं आगे बताऊँगा।

मेरा दूसरा अजीबोगरीब सपना, मेरे पसंदीदा नायक अमिताभ बच्चन के बारे में था। सत्तर व अस्सी के दशक में उनकी लोकप्रियता के स्तर से ही उनके महान आभामंडल का अनुमान नहीं लगाया जा सकता। वे पहले भी और आज भी 'जीवन से कहीं बड़े हैं।' मैं भी, अपने जैसे करोड़ों लोगों की तरह, उनकी फिल्में बार-बार देखकर ही उनके हुनर को श्रद्धांजलि अर्पित करता था।

जी हाँ। श्री बच्चन के साथ काम करना भी, मेरे सपनों की सूची में शामिल था। आप भी मुझसे सहमत होंगे कि उस समय के हिसाब से, मेरा यह सपना किसी बड़े पागलपन से कम नहीं था लेकिन पूरे 15 साल बाद जिंदगी हमें एक ही मोड़ पर लाई, यह सब घटनाएँ इतनी तेजी से घटीं कि मुझे सब कुछ किसी सपने से कम नहीं लग रहा था।

मैं काफी बड़ा और समझदार हो चला था। लेकिन इसके बावजूद मैं विस्मित था। मैं उन्हें फोन कर रहा था। वे मुझे फोन कर रहे थे। हमने उनके व उनके बेटे के साथ दोपहर व रात का भोजन किया। हमने एक साथ काम किया। मैं आज तक जितने भी लोगों से मिला, वे उनमें से सबसे अधिक विनीत, शिष्ट व ज़मीन से जुड़े लोगों में से थे व हैं। स्टारडम के साथ जुड़ी सारी चापलूसी उनके लिए इसी तरह है मानों कोई बत्तख पंख झाड़ कर सारा पानी गिरा दे। हमने उनसे सीखा कि इतनी ऊँचाई पर पहुंचने के बावजूद जड़ों से कैसे जुड़े रह सकते हैं और यहाँ मैं एक बार फिर बच्चन जी का मुरीद हो जाता हूँ–

मैं खास बिंदु पर वापिस आता हूं कि आपका सपना कितना मुश्किल है, यह बात कोई मायने नहीं रखती सबसे बड़ा राज यही है कि आप इसे थामे रखें और ज़िंदगी इसे आपके लिए साकार कर देगी। यहाँ तक कि आपको कोई कोशिश तक नहीं करनी होगी। बस इतना करें कि इसे दिल में बसाए रखें। 'गीता' ने बड़े साफ शब्दों में इसे व्यक्त किया है,·'अपने विश्वास में दृढ़ विश्वास बनाए रखो'। सबसे पहले विश्वास करना सीखो (ईश्वर में विश्वास, धर्मग्रंथ में विश्वास, अपने कर्तव्य में विश्वास और अपने सपने पर विश्वास), यही विश्वास आपको विश्वास की पूर्णता तक ले जाएगा?

दुर्भाग्य यह है कि इन दिनों सब कुछ जल्दी से पा लेने की चाह के सामने, किसी सपने पर डटे रहना समय की बरबादी व अटपटा लगता है इसलिए लोग बहुत जल्दी समझौता कर लेते हैं। तब कुंठा उनसे अधिक दूर नहीं रहती। सपनों की खूबसूरती यही है कि वे साकार होते हैं और हर कोई इन्हें साकार करने की ताकत रखता है।

निरंतरता की प्रसन्नता

70 के दशक के मध्य, विमल एक मजबूत ब्रांड के रूप में उभरा, स्वर्गीय फ्रेंक सिमोस व उनकी टीम को इसका पूरा श्रेय जाता हैं यह एकाउंट हमें मार्च 1980 में सौंपा गया। एक नई एजेंसी के रूप में हम, पिछली एजेंसी द्वारा बड़ी सावधानी से किए गए हर काम को दोबारा करना चाहते थे। हम सिद्ध करना चाहते थे कि हम उनसे बेहतर थे लेकिन भाग्यवश हमारी व ब्रांड की बेहतरी के लिए, सद्‌बुद्धि काम आ गई। हमने पूरी स्लेट पोंछ कर, सब कुछ नए सिरे से लिखने की बजाए सूटिंग्स के लिए 'ओनली विमल' व साड़ियों के लिए "एक स्त्री अपने आपको कई भाषाओं में व्यक्त कर सकती है। विमल उनमें से एक है।" की थीम को अपना लिया।

और हम सब जानते ही है कि यह फैंसला कितना बुद्धिमतापूर्ण रहा। हमने टैक्सटाइल विज्ञापन में नए मोर्चे तैयार किए। बाजार में पूरी हिस्सेदारी के अलावा हम एवार्ड शो का भी हिस्सा रहे। इसमें कोई शक नहीं कि फ्रेंक द्वारा तैयार की गई मजबूत नींव

के बिना यह सब होना मुश्किल था। अतीत में की गई सारी तैयारी, ब्रांड को आगे ले जाने में काम आई।

बदकिस्मती से, कुछ लोग नए सिरे से ही सब कुछ तैयार करते हैं। प्राय: राजनीति में ऐसा अभ्यास देखा जाता है। आजकल कार्पोरेट दायरों में भी ऐसा होने लगा है। मौजूदा ढ़ांचे, कितने भी प्रभावी क्यों न हों, इन लोगों में असुरक्षा की भावना भर देते हैं। फिर चाहे इन्हें ब्रांड के व्यक्तित्व, इतिहास व उपलब्धियों को ही मटियामेट क्यों न करना पड़े, ये नए व्यक्ति सारी प्रक्रिया नए सिरे से शुरू करते हैं, इस तरह आगे बढ़ने की बजाए उन्हीं दायरों में घूमते रह जाते हैं व उसकी भारी कीमत चुकाते हैं।

सच्चाई तो यही है कि ब्रांड की पहचान बनाना कोई 100 मीटर की दौड़ नहीं, यह तो रिले रेस है। हममें से कोई भी संरक्षक हमेशा जीवित रहने वाला नहीं है और यह हस्तांतरण का मुद्दा है। जब कोई आपको यह बैटन सौंपता है तो आपको नए सिरे से दौड़ शुरू करने की बजाए, बैटन को अगले व्यक्ति को सौंपना होता है।

हम सब जानते हैं कि हर ब्रांड का अपना एक व्यक्तित्त्व होता है जो सही समय आने पर उभरता है। ब्रांड क्रेता, किसी व्यक्ति की भांति इस ब्रांड के व्यक्तित्व पर भी प्रतिक्रिया व्यक्त करते हैं। वे एक आदमी के रूप में इसकी हर छोटी से छोटी विशिष्टता व असंगति से प्रेम करते हैं।

ब्रांड निरंतरता की सबसे बड़ी खूबसूरती यही है कि आप एक ब्रांड में उसी तरह नए क्षितिज तलाश सकते हैं, जिस तरह एक मानवीय व्यक्तित्व नए-नए रूपों में उभरकर सामने आता हैं

मैं इसे ही 'निरंतरता में रचनात्मकता' कहता हूँ। इसी तरह बड़े ब्रांड बनते हैं, जो कि किसी एक दूरदर्शी के हाथों नहीं अपितु पीढ़ी दर पीढ़ी चलने वाली टीम के हाथों तैयार होते हैं।

आवश्यकता ही बुद्धिमता का स्त्रोत है

मुझ पर हमेशा से यही दोष लगाया जाता रहा है कि मैं अपनी क्रिएटिव टीम को परियोजना पर काम करने के लिए पर्याप्त समय नहीं देता। वे इसे स्पष्ट रूप से महसूस करते हैं कि पर्याप्त समय मिलने पर वे ज्यादा बेहतर प्रदर्शन कर सकते थे। ऐसा हो भी सकता है, और नहीं भी। मैंने तो यही देखा है कि एक तयशुदा सीमा रेखा हमें हमारे कैरियर की ऊँचाइयों तक ले जाने में मदद करती है। यहाँ इसी विषय में दो घटनाएँ प्रस्तुत हैं।

आप सबने विवियन रिचर्ड्स का 'ओनली विमल' वाला विज्ञापन देखा होगा। आज इतने बरसों बाद भी लोगों के दिलों में इसकी याद तरोताज़ा है। मुद्रा के पोर्टफोलियों का यह 'कीमती नगीना' केवल चार घंटों में तैयार किया गया था शांतनु शौरी ने स्टोरीलाइन की मंजूरी के लिए एक फोन किया और चार घंटों में यह इतिहास तैयार हो गया। मैं मानता हूँ कि यह एक बड़ा कदम था। याद रखें कि उन दिनों क्रिकेटरों को इस तरह विज्ञापनों में लेने का कोई चलन नहीं था। लेकिन हम सब कम से कम समय में अच्छे से अच्छे प्रदर्शन के लिए एकजुट थे। मैंने सीखा कि किसी

भी काम को बहुत जल्दी करना हो तो दिमाग से अनावश्यक संदेह अपने-आप मिट जाते हैं। अच्छे प्रदर्शन से जुड़े दबाव के समय यही अनावश्यक भय, संदेह व असुरक्षा का भाव, सामान्य सोचने-समझने की प्रक्रिया को भी धुंधला देते हैं। जब आपका दिमाग पूरी तरह सतर्क व चुस्त होता है तो आप एक जादूगर की तरह टोपी से नए-नए करतब दिखाते हैं।

विमल के प्रारंभिक दिनों में, हम पूरे देश में, विमल के उच्च तकनीक युक्त भव्य फैशन-शो आयोजित करते थे। हम ऐसे ही एक शो के लिए कलकत्ता गए। हालांकि हमारे पास आदमियों व मशीनों की कमी नहीं थी लेकिन गलती से हमारे अधिकतर उपकरण एक म्यूज़िकल दल के साथ गोहाटी चले गए, वे लोग भी हमारे साथ ही यात्रा कर रहे थे। इस तरह फैशन शो शुरू होने को था और हमारे पास कोई ऑडियो-वीडियो उपकरण नहीं थे। और इस तरह हम उस दिन तापस सेन की महिमा के साक्षी रहे (वे सत्यजीत राय के लाइटिंग विशेषज्ञ होने के साथ-साथ सभी विमल-शो के विशेषज्ञ भी थे) उन्होंने थोड़ी सी टहनियों, पत्तों व जबरदस्त लाइटिंग प्रभावों के बल पर पूरे शो को अनूठे प्रकाश व छाया नाटक में बदल दिया। मुझे पूरा विश्वास है कि यदि उस दिन हमारे पास उपकरणों का अभाव न होता तो शायद वे ऐसा प्रदर्शन न कर पाते। मुझे बड़ी खुशी है कि मैं इस अवसर पर वहाँ मौजूद था। मैंने देखा कि जब किसी सृजनशील मन पर कठिन परिस्थितियों में भी बेहतर प्रदर्शन का दबाव बनता है तो उसकी कितनी प्रतिभा निखर कर सामने आती है।

धीरुभाई एक अध्यापक

श्री धीरुभाई अंबानी, अनेक व्यक्तियों के लिए अनेक रूप थे। इसी में उनकी महानता है। उन्हें जानने वाले अधिकतर व्यक्ति यही कहते हैं कि वे उन्हें अच्छी तरह जानते थे। यह केवल कोरी बात नहीं है सचमुच उनकी पहुँच काफी असाधारण थी। मैं बड़ा खुशकिस्मत हूँ कि मुझे न केवल एक बॉस बल्कि अध्यापक के तौर पर भी उनका साथ मिला। वे हमेशा मेरे सबसे प्रिय अध्यापक रहे। अगर मुझे उनके श्रेष्ठ अध्यापक होने के पक्ष में तीन कारण प्रस्तुत करने को कहा जाए तो वे निम्नलिखित हैं–

पहला, वे हमेशा प्रोत्साहन व प्रशंसा देने को तैयार रहते थे। उनके द्वारा पीठ पर दी गई थपकी, मुझे इतने गर्व व संतुष्टि से भर देती थी कि उसके सामने सभी पुरस्कार छोटे हैं। हम सब मनुष्य के रूप में, इस जीवन में मान व पहचान चाहते हैं। उन्होंने इस बात का हमेशा ध्यान रखा कि हमें इन दोनों की कमी महसूस न हो। वे जब किसी बात के लिए हामी भर देते तो मेरे लिए वही काफी होता और मैं उस काम को बेहतर तरीके से

करने के लिए जुट जाता। जब हम उन्हें 30 साल पहले जानते थे तो वे इतने धनी-मानी नहीं थे, लेकिन इसके बावजूद वे हमारे लिए किसी सेलीब्रिटी से कम नहीं थे, जिसे धन या सत्ता की कोई भूख नहीं थी। ऐसा इसलिए भी था कि वे एक असाधारण प्रदर्शनकर्ता थे। किसी ऐसे व्यक्ति द्वारा पहचान व प्रशंसा पाना आपके जीवन का सबसे बड़ा अभिनंदन बन जाता है।

दूसरे, उनमें अपने लोगों पर भरोसा करने का साहस था। मैंने 'साहस' शब्द का प्रयोग इसलिए किया क्योंकि वे किसी हद तक अपने लोगों पर भरोसा करना जानते थे। मैं यह भी मानता हूँ कि उन्हें अपनी टीम का चुनाव करना आता था व ऐसे लोगों को चुनना आता था जो सिर्फ पैसे के लिए काम नहीं करते थे।

तीसरे, हम पर पूरा भरोसा रखने के बाद, वे हमें हमारे व्यक्तिगत दायरों में पूरी जिम्मेवारी सौंप देते। यहाँ सचमुच एक अच्छा तर्क था। कोई भी मनुष्य अपने-आप को नीचा नहीं दिखाना चाहता। अपने हाथों में पूरी जिम्मेवारी पाने के बाद हमारे पास स्वचालित रूप से कंपनी का 'मालिकाना हक' आ जाता था। हम कड़ी मेहनत करते ताकि उन्हें लगे कि उन्होंने हमें एक नेता के रूप में चुन कर कोई गलती नहीं की।

जी हाँ, वे जानते थे कि साधारण लोगों से असाधारण प्रदर्शन कैसे करवाया जा सकता है। तभी तो वे एक विशिष्ट अध्यापक थे।

उन्होंने ही हमें इस बात का विश्वास दिलाया कि हम असाधारण व विलक्षण काम करने का माद्दा रखते थे।

'मैं अपने देश व देशवासियों के प्रति निष्ठा की प्रतिज्ञा करता हूँ उनके कल्याण व समृद्धि में ही मेरी प्रसन्नता छिपी है'

मैं भारत में ऐसे कुछ व्यावसायिक नेताओं से मिला हूँ जो सचमुच इस प्रतिज्ञा का पालन करते हैं व इसे पूरी गंभीरता से लेते हैं। जब आप किसी ऐसे व्यक्ति के संपर्क में आते हैं, जो यह सब पूरी सफलता के साथ करता है तो भारतीयता में आपका विश्वास और भी दृढ़ हो जाता है।

अन्य भारतीयों को भी भारतीय होने के गौरव की याद दिलाने वाले भारतीय हैं, 'डा.वी. कुरियन' जब मुझे उनसे मिलने का मौका मिला तो उस समय तक वे काफी जाना-पहचाना नाम बन चुके थे। हमने 'मिल्कमैन ऑफ इंडिया' के रूप में, उनके बारे में काफी कुछ पढ़ व सुन रखा था लेकिन एक भारतीय के रूप में उनके दृढ़ विश्वास को इतना नहीं जानते थे और न ही इस बारे में ज्यादा कुछ लिखा गया था। यह सब कुछ शायद मेरी नज़र से भी छूट जाता यदि

मुझे स्वयं इसका अनुभव न हुआ होता। गुजरात के रिवाज़ के अनुसार मैंने दीवाली वाले दिन उन्हें एक पारंपरिक 'ग्रीटिंग कार्ड' के साथ चॉकलेट का डिब्बा भेजा। अगले दिन सुबह मुझे यह देख कर बड़ा धक्का लगा कि वही डिब्बा मेरी मेज़ पर पड़ा था। मैंने थोड़ी घबराहट के साथ उसके साथ आए पत्र को खोला। उन्होंने मुझे उपहार के लिए धन्यवाद देने के साथ-साथ विनम्रतापूर्वक सूचित भी किया कि वह बहुराष्ट्रीय कंपनियों की बनी चॉकलेट खाना पसंद नहीं करते। इस छोटी सी घटना से ही स्पष्ट हो गया कि वे उन लोगों में से हैं "जो वही करते हैं, जो वे कहते हैं। वे उन भारतीयों में से हैं जिन्हें इस बात का पूरा विश्वास है कि भारत में बने उत्पाद, विदेशों में बने उत्पादों से कहीं बेहतर होते हैं उन्होंने अपनी इसी धारणा व निष्ठा को सत्य सिद्ध करने में पूरा जीवन लगा दिया।

ऐसा ही दृढ़ विश्वास उन्होंने हमारे लोगों में रखा और एक संपूर्ण ग्राहक बने। कभी भी किसी ने एजेंसी को शर्तें नहीं गिनाई उन्होंने हमें कभी यह भी नहीं कहा कि हमें क्या करना चाहिए अथवा क्या नहीं करना चाहिए। यदि कोई विवाद होता भी तो वे कहते कि हम उसे आपस में ही सुलझा लें। मैं अक्सर यही सोचता कि अगर हमारे पास कुछ और डॉक्टर कुरियन होते तो कितना अच्छा होता! जब कोई आप पर पूरी तरह विश्वास रखता है तो आप भी उसकी उम्मीदों पर खरा उतरने

की कोशिशों में जुट जाते हैं। इस तरह आपको अपने सामर्थ्य का भी पता चलता है।

जी हाँ! भारत को अभी ऐसे बहुत से लोग चाहिए, जो उस पर (भारत) पूरी तरह विश्वास रखते हों। डॉ कुरियन! हमें यह राह दिखाने के लिए आपका धन्यवाद!

एक देवदूत का स्पर्श

मुझे पूरी तरह यकीन है कि सभी कलाकार कभी न कभी किसी देवदूत के संपर्क में आते हैं तभी उनकी कला में सच्ची आत्मा की झलक मिलती है। मेरे लिए 'फ्रेडी बर्डी' की कॉपी 'मदर्स डे' भी ऐसी ही एक कृति है। मुझे मान लेना चाहिए कि मुझे कोई चीज़ खरीदने के लिए तैयार करना या मेरे नज़रिए में बदलाव लाना इतना आसान काम नहीं है। संभवत: विज्ञापन जगत से जुड़े सभी लोगों में कभी न कभी यह भाव आ ही जाता है अगर आपको कहीं से फ्रेडी बर्डी की यह कॉपी पढ़ने को मिल जाए तो इसे जरूर पढ़ें। आप इसे डब्ल्यू.डब्ल्यू.डब्ल्यू. डॉट मैगइंडिया डॉट कॉम में पा सकते हैं। तब आप देखेंगे कि किस तरह इस सफल कृति ने 'माँ' के लिए मेरा नज़रिया ही बदल दिया।

वैसे, हम सभी जानते हैं कि सभी माताएँ एक सी होती हैं। मैं नही जानता था कि मेरी माँ कितनी खास थी और इस कॉपी ने यही करिश्मा कर दिखाया-इसने मेरी ही माँ को नए रूप में मुझे सौंपा। मेरा व माँ का रिश्ता कभी ऐसा नहीं रहा, जहाँ ज्यादा

बातचीत की गुंजाइश हो, हालांकि मैं यही समझता था कि मैं उनके दिल के काफी करीब था दरअसल जब भी मैं उनसे मिलता तो यही सोचता था कि उनसे क्या बात करूँ। इसका मतलब यह नहीं कि मैं उनके बारे में कैसा महसूस करता था, बस मुझे उनके साथ एकसमान आधार पर बात करना नहीं आता था। शायद मैं वक्त के साथ-साथ उनसे काफी दूर होता चला गया था। तभी मेरी ज़िदगी में यह कॉपी आई और मैंने देखा कि वे सही मायने में क्या थीं। हालांकि यह सुनने में अविश्वासनीय लग सकता है लेकिन मेरे लिए वे एक स्नेही अजनबी की तरह ही थीं। लेकिन अब वे एक खास व्यक्ति हो गई, जिसे स्वयं मैंने तलाशा था।

यही ऐसे लेखन की सार्वभौमिक विशेषता है। चाहे आप कोई भी हों, आपके रिश्ते कितने भी पास या दूर हों यह आप तक पहुँच कर याद दिलाती है कि इंसान क्या है।

यही नहीं, यह आपको एहसास दिलाती है कि आपके पास खूबसूरत रिश्तों का कितना सुंदर तोहफा है, जिसका आप लंबे समय से फायदा उठाते आ रहे हैं।

जी हाँ, मुझे खुशी है कि मैं इस खूबसूरती का एहसास कर पाया, मैं भूल गया था कि यही सच्ची दौलत है।

और मेरे लिए, यही विज्ञापन सच्चे विज्ञापन हैं।

कथनी और करनी एक समान

सर्वोच्च पद पर सी.इ.ओ. (किसी कंपनी, इंस्टीट्यूट या देश का) का काम करने का सबसे मुश्किल पक्ष यह है कि आप हमेशा सबकी नज़र में रहते हैं और लोग आप के आचरण और व्यवहार का अनुसरण करने का भी प्रयास करते हैं। पहले-पहल तो यह सब चापलूसी लगती है लेकिन धीरे-धीरे ही आपको एहसास होने लगता है कि आपकी अच्छाइयाँ-बुराइयाँ सबके बीच चर्चा का विषय बन रही है और आप किसी भी तरह से इन्हें बदल नहीं सकते। आपको अपनी कथनी व करनी को भी एक-समान रखना पड़ता है। अमरीकियों ने आत्मानुशासन में इस अभ्यास को 'वॉकिंग द टॉक' का नाम दिया है।

आज से करीब दस शताब्दियों पहले, हमारे ऐतिहासिक सी.ई.ओ. में एक राजा भोज को उनके चतुर व गुणी मित्र व राजकवि कालिदास द्वारा -वॉक द टॉक' करना सिखाया गया था। राजा भोज के बारे में तो आप जानते ही हैं, वे उन कुछ राजाओं में से हैं जिन्हें सरस्वती व लक्ष्मी दोनों का ही वरदहस्त

प्राप्त था। उनके पास ज्ञान, संस्कृति, बुद्धिमता व धन आदि सब कुछ था बस उन्हें जुए की लत थी और वे यह मानने को कतई तैयार नहीं थे कि यह उनके राज्य के लिए कितना हानिप्रद हो सकता था। इसलिए कालिदास एक ब्राह्मण का वेश धारण कर, ठीक उसी मांस की दुकान के सामने जा खड़े हुए, जहाँ से शाही सवारी गुजरती थी। राजा भोज वहीं से अपनी द्यूतशाला (जुआ खेलने का स्थान) की ओर जाते थे। एक ब्राह्मण को मांस की दुकान पर खड़े देखकर राजा का हैरान होना स्वभाविक ही था क्योंकि उन दिनों ब्राह्मणों को देवताओं का स्वरूप माना जाता था। राजा के पूछने पर ब्राह्मण ने उत्तर दिया कि उसे मदिरा का सेवन करना था इसलिए वह मांस लेने आया था यह सुनकर तो राजा की हैरानी और भी बढ़ गई। मांस व मदिरा! ब्राह्मण बड़े आराम से समझाने लगा कि जब वह वेश्याओं के पास जाता है तो उसे मदिरा सेवन की आवश्यकता होती है। राजा की हैरानी की सीमा न रही "मांस, मदिरा व वेश्याएँ" उन्होंने पूछा "तुम्हें धरती पर ऐसी जीवनशैली के लिए धन कौन देता है?" तब ब्राह्मण ने कहा "महाराज! वह सब तो जुए से ही मिल जाता है"

यथा राजा, तथा प्रजा-जैसा राजा, वैसी प्रजा (संस्कृत में एक कहावत है) एक सी.ई.ओ. जो स्वयं पर शासन नहीं कर पाता, शृंखला प्रतिक्रिया के अनुसार उसके लोग व क्षेत्र सभी दुर्बल व निस्तेज हो जाते हैं। जैसा कि हम आजकल अपने आसपास चारों ओर देखते हैं।

जी हाँ, नेता के लिए जीवन काफी कठिन होता है। एक अच्छे नेता को बहुत पहले ही यह जान लेना पड़ता है कि उसके जीवन आदर्शों पर ही सब चलने का प्रयास करेंगे। यदि वह अपने पथ से जरा भी विचलित हुआ तो उसे उसकी कीमत चुकानी होगी।

एक थपकी की ताकत

एक छोटा सा प्रोत्साहन कितना फायदेमंद हो सकता है, यह सचमुच बड़ी हैरतअंगेज़ बात है इस बारे में दो तरह की विचारधाराएँ हैं एक के अनुसार इससे अतिविश्वास व आलस बढ़ता है। दूसरी विचारधारा के अनुसार यह सबसे बेहतर प्रबंधन तकनीक है। भाग्यवश, मेरे बॉस धीरुभाई अंबानी, दूसरी विचारधारा में विश्वास रखते थे। उनकी पौराणिक 'पीठ पर थपकी' को आज हम सब बहुत याद करते हैं, वहीं तो हमें एक से दूसरी परियोजना तक जाने की प्रेरणा देती थी। मेरे लिए तो यह सकारात्मक प्रोत्साहन था। वे हम पर प्रदर्शन के लिए दबाव डालने की बजाए, श्रेष्ठ प्रदर्शन के लिए प्रोत्साहन व प्रेरणा देते थे।

मैं इसी विषय से जुड़ा एक प्रसंग सुनाना चाहूँगा। सितंबर 1979 में, मैं विमल के पहले फोटोशूट का प्रमुख था। इसमें उन दिनों की ऊँची मॉडलें शामिल थीं और यह एक खर्चीली परियोजना थी। (इसी कैंपेन को मुंबई के एड क्लब में, 'प्रिंट कैंपेन ऑफ इयर' का पुरस्कार भी मिला)। मैं थोड़ा घबराया

हुआ था इसलिए जब सुबह की मुलाकात के लिए धीरुभाई के ऑफिस में पहुँचा तो दिमाग अपनी ही उलझनों में मग्न था। उन्होंने मुझे पूरा सहारा दिया व आगे बढ़ने का प्रोत्साहन देते हुए एक महंगा तोहफा थमा दिया। पहले तो मैं दंग रह गया लेकिन फिर मुझे फख्र हुआ कि वे मुझमें कितना विश्वास रखते थे। मैं फोटोशूट पर पहुंचा और सब कुछ एक अलग ही रंग में सामने आया।

मुझे एहसास हुआ कि उन्होंने किस तरह अपने एक छोटे से हाव-भाव से मुझे उस विचार व ब्रांड का मालिक बना दिया था। ऐसा होने पर मैं एक चिंताग्रस्त कर्मचारी की बजाए ज्यादा जिम्मेदार व अधिकारिक प्रबंधक की तरह सोचने लगा।

मैं यह सोचता हूँ कि उन्होंने इसके अलावा कम सकारात्मक पहुँच वाला कोई और उपाय अपनाया होता तो क्या होता! एक नीरस व आत्माविहीन उत्पाद, जिससे मैं एक क्षण में ही उदासीन हो जाता। अगर कोई गलती हो जाती तो मैं लापरवाह हो कर कहता "मैंने ऐसा नहीं किया, वे ही ऐसा करना चाहते थे" इसी तरह आखिर तक आते-आते मेरी जिम्मेवारी बिल्कुल खत्म हो जाती।

सो अगर आप भी थपकी की ताकत में विश्वास रखते हैं तो यह तीन बातें आपके लिए सहायक हो सकती हैं:-

1. व्यक्ति की नहीं, उसके काम की सराहना करें।
2. जो भी करें, पूरी ईमानदारी से करें।

3. पहले कदम की प्रशंसा करें, नतीजों की नहीं! कोशिश करें कि यह जल्द से जल्द हो जाए।

आपको पता चलेगा कि आप किस तरह सकारात्मक प्रोत्साहन की जादुई छड़ी से सामान्य लोगों से भी असामान्य व असाधारण प्रदर्शन करवा सकते हैं।

बॉस हमेशा सही होता है... या वह वास्तव में है?

मैंने 25 मार्च 1980 को दुकान खोली। उससे कुछ माह पहले, मुझे भारतीय विज्ञापन जगत के एक प्रतिष्ठित व्यक्ति से मिलने का सौभाग्य प्राप्त हुआ। वे अहमदाबाद से थोड़ी दूरी पर स्थित नरोदा के रिलायंस टैक्सटाइल तक आए। उन्होंने रिलायंस की नई एजेंसी के बारे में सुना था और वे उसे 'मुद्रा' के साथ अपनी एजेंसी को मिलाने का प्रस्ताव लेकर आए थे। मैंने झटपट, (जैसा कि आप सोच सकते हैं) उनसे यह पता लगाने की कोशिश की इससे उन्हें या हमें क्या लाभ हो सकता था। उनकी रुचि स्वाभाविक थी, रिलायंस दिन-ब-दिन तरक्की कर रही थी और उन्हें लगता था कि वह खूब नाम कमाएगी। मेरे लिए उनके प्रस्ताव में क्या आकर्षण था। उन्हीं के शब्दों में 'एक दूसरा नज़रिया'। उन्होंने बिल्कुल यही शब्द दोहराए- "मैं आपको एक अलग नज़रिया पेश करूंगा" उस समय के लिहाज़ से मुझे यह शब्द, एक महंगा लेन-देन लगे थे लेकिन आज 23 साल बाद मुझे एहसास

हुआ कि मुझे उनका प्रस्ताव मान लेना चाहिए था व उनकी एजेंसी को अपनी एजेंसी में मिला लेना चाहिए था।

आप भी हैरान होंगे कि मेरी सोच में यह भारी बदलाव कैसे आया? खैर, मैं इसे आपको बता सकता हूँ। अनेक अंतहीन प्रदर्शनों, भेंटों, दिमाग घुमा देने वाले सत्रों व सभी प्रकार के ग्राहकों से हुई, मुलाकातों के बाद, मेरे मन में इस 'दूसरे नज़रिए' के लिए सम्मान काफी बढ़ गया है। हर जगह यही दृश्य दोहराया जाता है। ऊँची से ऊँची मीटिंग के बावजूद बॉस ही सारे फैसले लेता है। हर व्यक्ति यही देखता है कि बॉस क्या कहना चाह रहा है और बाकी सब भी उसी दिशा में हो लेते हैं इस तरह चाहे कर्मचारी 10 हों या 1000 यह एक 'वन मैन शो' बनकर रह जाता है। अब सवाल यह पैदा होता है कि कर्मचारी अपने सुझाव देने व अपना पक्ष प्रस्तुत करने से इतना डरते क्यों हैं? क्या हमारे कॉर्पोरेट जगत में साहस *व* निष्ठा का अभाव है। मुझे पूरी उम्मीद है कि एक दिन उन्हें एहसास होगा कि एक स्वस्थ विचार-विमर्श किसी कंपनी के लिए ताजी हवा से कम नहीं होता। स्पष्ट रूप से दूसरे नज़रिए के बारे में बात करने वाली कंपनी किसी भी प्रतियोगिता में नहीं हारती। यह सच है कि अनेक सुझावों में से किसी एक की राय ही मानी जाती है, परंतु लेकिन यह सब बॉस की न्यायपरक क्षमता पर निर्भर करता है कि वह सबसे श्रेष्ठ मत को चुने, जिससे बाकी सभी कर्मचारी भी सहमत हो सकें।

निर्भीकता व साहस के विषय में एक प्रसंग सुनाना चाहता हूँ।

स्वामी विवेकानंद दूसरे दर्जे में यात्रा कर रहे थे, जिसे उन दिनों गोरों का दर्जा माना जाता था। एक गोरा कंपार्टमेंट में घुसा व खूँटी पर अपना कोट लटका दिया, उसने एक काले आदमी के साथ यात्रा करने की झुंझलाहट को छिपाने की भी कोई कोशिश नहीं की। कुछ देर बाद स्वामी जी ने अपने जूते उतारे व पाँव समेट कर झपकी लेने लगे। जब वे उठे तो उनके जूते गायब थे। उन्होंने एक शब्द भी नहीं कहा, हालांकि वे जानते थे कि गोरे ने उन्हें गाड़ी से बाहर फेंका था। अब गोरे की सोने की बारी आई। जब वह सोकर उठा तो उसका कोट गायब था। उसने स्वामी जी से इस बारे में पूछा तो उन्होंने शांतिपूर्वक उत्तर दिया-

"आपका कोट हमारे जूते खोजने गया है"

एक शांत व दृढ़ पक्ष, शक्तिशाली, बैरियों से भी सम्मान की मांग रखता है यह हमेशा आपके काम आता है व आपको फायदा पहुँचाता है। चाहे उस समय कोई प्रभाव दिखाई न दे लेकिन इसका दीर्घकालीन प्रभाव अवश्य झलकता है।

लोगो (ट्रेड मार्क) के सपने नहीं होते

क्या किसी संस्था या इंस्टीट्यूट के कोई सपने हो सकते हैं? मैंने अपने पूरे कैरियर के दौरान इसी बात को सच माना कि अगर आप कोई संगठन बना रहे हैं तो आप एक सपना साकार कर रहे हैं, जो कि न केवल आपके लिए, आपकी जैसी सोच वाली पीढ़ियों के लिए है। वैसे आजकल क्या होता है, चाहे कोई राजनीतिक दल हो या शैक्षिक संस्थान या फिर कॉर्पोरेशन, आप उसके प्रमुख को वहाँ से हटाएँ और पूरे तंत्र को एक नया व्यक्तित्व मिल जाता है।

अच्छा या बुरा, यह तो समय ही बताएगा लेकिन यह बदलाव काफी झटपट होता है और यह नया *अवतार* पिछले रूप से कहीं मेल नहीं खाता। तो ऐसा कौन सा राज है जिसके द्वारा हम किसी संस्था का ऐसा अस्तित्त्व बना सकते हैं, जिनमें हमेशा एक सा मूल्य व विश्वास कायम रह सकें? दूसरे शब्दों में, आप इसे दीर्घकालीन कैसे बना सकते हैं? मैंने कई पुरानी संस्थाओं को समय के साथ बदलते देखा है, लेकिन यह सब कुछ पूरी मर्यादा व शालीनता के साथ होता है। मुझे इसका उत्तर धर्म में मिला।

आप ध्यान दें कि धर्म=(i) बदलाव के साथ चलना व (ii) दर्शन को व्यक्तित्व से अलग रखना सिखाते हैं। ऐसा नहीं होता कि किसी दिन आप मंदिर जाएँ और वहां आपको नए धर्म के दर्शन हों, क्योंकि वहां का *पुजारी* बदल गया है। अब आप देखते हैं ही कि किस तरह कंपनी के सी.ई.ओ के आने-जाने से उसकी किस्मत हिचकोले खाती रहती है। जिस कंपनी से आपका सौदा होता है, वह एक दिन अचानक समाप्त हो जाती है। यह सच है कि पता वही रहता है, हस्ताक्षर वही रहते हैं लेकिन उसकी आत्मा बदल जाती है।

धर्म में सबसे आम विशेषता तो यही दिखाई देती है कि यहाँ रिवाज निभाए जाते हैं व हर काम को करने का एक 'खास तरीका' होता है। किसी भी मंदिर, मस्जिद या गुरुद्वारे में जाएँ तथा वही सारे रस्मोरिवाज व उपासना पद्धति अपने घर में दोहराना शुरू कर दें। तब आप पाएँगे कि *पुजारी* को इतनी आवश्यकता नहीं रही। वह तो आपके व आपके विश्वास तंत्र के बीच सब कुछ सरल बनाने का माध्यम बनता है।

इसलिए अगर मुझे नए सिरे से कोई संस्था बनानी हो तो मुझे इसके निर्माण की प्रक्रिया पर ध्यान केंद्रित करना होगा क्योंकि मुझे बाद में इसका एहसास हुआ कि किसी भी स्थान की नींव या आधारशिला, उसकी ईंटें, संपत्ति या बैलेंस शीट नहीं होती, समय की कसौटी पर कसी प्रक्रियाएँ व उन्हें करने का तरीका ही मायने रखता है।

एक संस्था या व्यक्ति अपनी जैसी सोच वाले व्यक्तियों को ही अपनी ओर खींचते हैं। अगर आप किसी संस्था को लंबे समय तक जीवित रखना चाहते हैं तो उसके काम करने के तौर-तरीकों की सज-संभाल करना बहुत जरूरी हो जाता है।

ऐसे शब्द चिह्न या संकेत का क्या फायदा जो उन पुराने विश्वासों का संप्रेषण न कर पाएं, जिसके लिए उसे बनाया गया था।

वैसे, यह किसका काम है?

'बी. मेलबैंक' को इस कहावत का श्रेय दे सकते हैं 'कुत्ता रखकर स्वयं भौंकने का काम मत करो।' यह कहावत 16वीं सदी में बनी थी जिसे देखकर लगता है कि यह आदत मानव जाति के लिए नई नहीं है। अगर आप किसी को कोई काम करने के लिए भुगतान कर रहे हैं तो उसे स्वयं करना बेकार है। यह एक ऐसा अनुभव है, जिसे मैंने कैरियर के शुरुआती दौर में प्रत्यक्ष रूप से सीखा। एक एजेंसी प्रमुख होने के नाते, मैंने अपनी टीमों को इस विषय पर ग्राहकों से लगातार उलझते देखा हैं

बहुत कम ग्राहक ऐसे हैं जो किसी व्यवसायी के हाथों काम सौंप कर खुश होते हैं और बहुत कम, जो ऐसा करते हैं, उन्हें अच्छे काम व श्रेय का पुरस्कार भी मिलता है। फालतू बोनस के रूप में, एजेंसी ब्रांड का मालिकाना हक लेने लगती है। जिससे और ज्यादा बढ़िया, जवाबदेह व न भूलने वाला काम सामने आता है।

मैंने विमल, रसना व धारा, इन तीनों ग्राहकों से ऐसा

ही अनुभव पाया, संबंध की शुरुआत के साथ ही उन्होंने हमें मनचाही आजादी दी। मेरे लिए तो यह और भी प्रशंसनीय था क्योंकि जहाँ मैं पहले काम करता था, वहाँ ग्राहक की पत्नी आर्ट डायरेक्टर का काम संभालने की कोशिश कर रही थी।

इसलिए रसना का 'दशहरा डे' (एजेंसी का वार्षिक अनुशंसा दिवस) आने से पहले हम पूरी तरह निश्िंचत थे व ब्रांड को आगे ले जाने के बारे में सारी योजनाएँ बना चुके थे।

एक और उदाहरण यह है कि विमल ने तो एजेंसी की अनुशंसा पर साड़ियों के नमूनों के प्रति नज़रिया तक बदल दिया था (जो कि उनकी एक खासियत थी)। जी हाँ! एजेंसियाँ ग्राहकों के साथ व ग्राहकों के लिए अद्भुत कार्य कर सकती हैं।--परंतु यह सब कुछ तभी आरंभ होता है जब ग्राहक अपने भरोसे का निवेश करने के लिए तैयार हो जाता है। मैंने यहाँ निवेश शब्द का इस्तेमाल इसलिए किया क्योंकि यहाँ भी काफी हद तक सब कुछ वैसे ही होता है। आप जांच-पड़ताल करते हैं, लोगों की राय लेते हैं, अपनी अंतरात्मा की सुनते हैं और फिर अपना पैसा लगाते हैं। अगर आपने सही गृहकार्य किया होगा तो निवेश का फल अवश्य मिलेगा। ग्राहक अपने लिए एजेंसी चुनने से पहले भी, इसी तरह की थका देने वाली प्रक्रिया से गुज़रते हैं और इतनी सारी मेहनत के बावजूद कुछ लोग अपने द्वारा चुने गए लोगों

को यह बताने से नहीं चूकते कि उन्हें किस तरह काम करना चाहिए, इससे उनके रिश्ते की 'सांझेदारी' अपने मायने खो देती है,-यह टूटने के कगार पर भी आ सकती है।

मेरे हिसाब से विश्वास या भरोसा रखने के लिए काफी साहस चाहिए। यही अच्छे काम का मूल मंत्र भी है। ---क्योंकि अगर आप अपने कुत्ते की जगह भौंकने का काम करेंगे तो वह काम के समय गहरी नींद में सोनेवाला होगा ही।

फैसला लेने से पहले गहरी छानबीन करें

मैं आपको अपने काम करने के तौर-तरीकों के बारे में बता रहा हूँ, अपनी टीम से मैं अक्सर कहता था कि कोई भी फैसला लेने से पहले छानबीन करो। एक विज्ञापन व्यवसायी होने के नाते आपको लगातार कई तरह के मतों से जूझना पड़ता है। हर समय, कई तरह के लोग अपनी-अपनी सलाह देने के लिए प्रस्तुत रहते हैं। इन अनेक आवाज़ों में से आप किसे सुनना चाहते हैं? अगर आपने अर्जुन की तरह अपने लक्ष्य पर ध्यान केंद्रित नहीं किया तो बड़ी आसानी से लक्ष्य चूक भी सकते हैं। मैं तो केंद्रित रहने के लिए स्वयं खोजबीन व छानबीन करने की प्रक्रिया अपनाता हूँ। इसके लिए मेरे पास एक छोटा सा उदाहरण है:-

यह मुद्रा के शुरुआती दौर की बात है, हमारे पास रसना का बढ़िया काम था। हमें ब्रांड को नए सिरे से लांच करने का काम सौंपा गया था। हमने ऐसा किया और वह ब्रांड एक सितारे की तरह चमकने लगा। मैं पूरी तरह संतुष्ट था। इसके दो साल बाद, मेरे दो युवा सहकर्मी मेरे कमरे में आए, उनके पास

दिखाई जाने वाली स्लाइड व प्रबंधकीय बुद्धिमता का भण्डार था। दरअसल वे मुझे जानकारी देने आए थे कि ब्रांड अपने पी.एल. सी. – प्रोडक्ट लाईफ साइकिल (उत्पाद जीवन चक्र) में ठहराव पर आ गया है तथा हमें पूरे ब्रांड को नए सिरे से गढ़ना होगा।

चूंकि मैं मैंनेजमेंट स्नातक नहीं था इसलिए मैंने पहली बार पी.एल.सी शब्द के बारे में जाना। मैंने एक उत्सुक छात्र की तरह सारी बात ध्यानपूर्वक सुनी लेकिन मेरा सामान्य ज्ञान यही कह रहा था कि मैं जो कुछ भी सुन रहा था, वह अपरिपक्व विचारों व मस्तिष्क की देन था। मैं उस समय किसकी सुनता-बिना किसी किताबी जानकारी से लैस अपनी सामान्य बुद्धि या युवा प्रबंधक स्नातकों की?

तब मैंने सब कुछ स्वयं पता लगाने का फैसला किया। मैंने छानबीन की, अध्ययन किया व पी.एल.सी नामक जंतु के बारे में सब कुछ पता लगाया। बाजार के आंकड़ों से मिलाकर अध्ययन करने के बाद मैंने पाया कि अभी ब्रांड को नए सिरे से तैयार होने में काफी समय था। निस्संदेह मुझे अपने कुदरती ज्ञान पर भरोसा था कि मैं ठीक था लेकिन अगर मैंने स्वयं अध्ययन न किया होता व स्वयं सब कुछ न जांचा होता तो शायद मैं यह फैसला स्वयं न ले पाता।

और मैं अपनी टीम से भी आज तक यही चाहता आया हूँ क्योंकि बिल्कुल साफ बात है। आपको स्वयं एक की गई जानकारी से जो भरोसा मिलेगा, उसे कोई हिला नहीं सकता। अपनी आँखें खुली रखने की योग्यता ही निर्णय-निर्धारण की सबसे बड़ी शर्त है।

एक कंपनी अपने सी.ई.ओ. जितनी ही अच्छी होती है

यहाँ मैं पूरी ईमानदारी बरतना चाहूँगा। हो सकता है कि बहुत से लोगों को मेरी बात पसंद न आए लेकिन कुछ सबक सच्चे होने के साथ-साथ कठोर भी होते हैं। आधुनिकीकरण व वैश्वीकरण के इस युग व समय में, आधुनिक भारतीय प्रबंधन विचारधारा में सबसे प्रिय विचारधारा यही है कि सी.ई.ओ., एक जैसे लोगों के बीच सबसे पहले होता है। इसे आप कॉर्पोरेशन में गुरु की संज्ञा दे सकते हैं। यह ज्यादातर लोगों द्वारा पसंद किया जाता है क्योंकि यह विदेशी कंपनियों में काफी लोकप्रिय रहा है और उनके लिए अच्छा भी है।

यहाँ एक ऐसा पहलू भी है, जिससे मैं सहमत नहीं हूँ। यह पद्धति यहाँ लागू नहीं होती क्योंकि मेरे विचार से हमारे समाज की सोच का ताना-बाना प्रमुख या मुखिया के प्रति गहन श्रद्धा व आदर के बीच बुना गया है। घर हो या कंपनी, मुखिया का होना आवश्यक है। हम सब एक 'प्राचीन सभ्यता' की संतान हैं,

हम चाहें अथवा न चाहें; हमारा व्यवहारगत ढांचा अनुवांशिक है। उनमें से एक है 'मार्गदर्शक की आवश्यकता'। हम उन्हें अपने समान नहीं मानते।

मिसाल के तौर पर हम उनके सामने धूम्रपान नहीं करते। उनके सामने मेज पर पाँव नहीं फैलाते। उनके कमरे में आते ही, हम खड़े हो जाते हैं। जब वे कुछ कहते हैं तो हम उत्तर देने से पहले दो बार सोचते हैं। एक समाज की तरह हमें इसी रूप में पाला गया है।

वैसे एक शोध से पता चला है कि कॉर्पोरेट प्रतिष्ठा का 40% सी.ई.ओ. की प्रतिष्ठा से जुड़ा होता है। 77% अंशधारी, सी.ई.ओ. के प्रति अपनी धारणा के अनुसार ही कंपनी में निवेश करते हैं।

मुझे याद है जब मैं एक प्रबंधक को नियुक्त कर रहा था तो उसने मुझसे पूछा कि क्या मैं अध्यक्ष होने के नाते स्वयं को 'एक समान लोगों में सबसे पहले' गिनता हूँ? और तभी से मैंने इस बारे में सोचना आरंभ किया वह 16 साल पहले की बात है। मुझे याद है, मैंने उससे कहा था कि उसे निश्चित रूप से काम करने की पूरी आजादी मिलेगी। मैं उसके किसी भी काम या ग्राहक के मामले में हस्तक्षेप नहीं करूँगा लेकिन बाकी सभी फैसले, संस्था के उद्देश्यों व प्रक्रियाओं को ध्यान में रखते हुए मैं ही लूँगा।

मैंने देखा है कि अक्सर पहली विचारधारा अपनाने से धीरे-धीरे एक असंतोष पनपने लगता है। कर्मचारी केंद्रित नहीं

रहते व खानों में बँट जाते हैं वे स्वयं अपनी राह चुनने की बजाए निर्देशों की बाट देखते रहते हैं। हमारे लिए तो वही तंत्र काम करता है, जिसमें हम फले-फूले हैं। हमारे काम करने के तौर-तरीकों में हमारे सांस्कृतिक मूल्य ही फिट बैठते हैं। यही हमसे बेहतर प्रदर्शन करवा सकते हैं।

हमें स्वयं को पहचान कर वही बनना होगा, जो हम हैं।

गुरुर्ब्रह्मा, गुरुर्विष्णु,
गुरुर्देवो महेश्वरः,
गुरुर्साक्षात परब्रह्म,
तस्मै श्री गुरवे नमः

गु-रु - यह दो संस्कृत शब्द किसी ऐसे व्यक्ति के लिए प्रयुक्त होते हैं जो आपको अंधकार से प्रकाश की ओर ले जाता है। '*गु*' अंधेरा तथा '*रु*' उसे भगाने का कृत्य है। गुरु यही करता है, वह शिष्य/शिष्या की आंखों पर बंधी पट्टी उतार देता है।

यदि हमें जीवन में एक सुयोग्य गुरु मिल जाए तो हममें से अधिकतर स्वयं को खुशकिस्मत मानते हैं। मुझे तीन गुरु मिले। मैंने इनमें से दो के निकट संपर्क में काम किया व तीसरे गुरु से मैंने *एकलव्य* शैली में शिक्षा ग्रहण की।

'गिराबेन साराभाई' मेरी पहली गुरु थीं। मैं उन्हें एक विनीत बुद्धिमति के रूप में याद कर सकता हूँ। मैंने उन्हीं से सीखा कि लाइमलाइट से दूर कैसे रहें। एशिया के जाने-माने भारतीय

कपड़ा संग्रहालय 'केलीको म्यूज़ियम ऑफ टैक्सटाइल' के पीछे उन्हीं का मस्तिष्क है, उन्होंने नेशनल इंस्टीट्यूट ऑफ डिजाइन, अहमदाबाद के निर्माण में भी महत्त्वपूर्ण भूमिका निभाई। 60 व 70 के दशक में गिराबेन ही केलीको के अनूठे विज्ञापनों व नए उत्पादों की प्रेरक रहीं। उन्होंने भी मेरे अन्य गुरुओं की तरह मिसाल कायम की। उन्होंने मुझे सौंदर्यबोध दिया। उनका सिखाने का तरीका काफी अलग था। वे सारे प्रयोगों व ढांचों के छोटे-छोटे टुकड़ों की पहेली को बड़े धैर्य से सुलझा देती थीं। उन्होंने मुझे सिखाया कि किस तरह उसी चीज को सबसे अलग व रचनात्मक रूप में कैसे पेश किया जाता है।

धीरुभाई अंबानी मेरे दूसरे गुरु थे। जब तक वे मेरे जीवन में नहीं थे, मैं कभी अपने सीमित दायरे से ऊपर सपने देखने की हिम्मत नहीं कर पाया। उन्होंने मुझे साहस दिया, मुझे पता ही नहीं था कि मैंने जो भी किया, मुझे उससे भी बड़े सपने देखने थे। उन्होंने मुझे आश्वस्त किया कि दुनिया में कुछ भी असंभव नहीं है। उन्होंने मुझसे मेरा परिचय करवाया। उन्होंने मुझे दिखाया कि मेरे पास कितनी तरह के हुनर थे। हमने जो भी किया, वे हममें उससे अधिक क्षमताएँ देख सकते थे व उन्हें उभारने का पूरा मौका भी देते थे।

डॉ. वी. कुरियन, मेरे तीसरे गुरु थे। मुझे उनके साथ एक ग्राहक एजेंसी के नाते बातचीत करने का ही अवसर मिला। वह

उनमें से हैं जो भारतीय होने पर गर्व करते हैं व ऐसा जीवन जीते हैं, जो इसे ही सिद्ध करता है। उन्होंने भारत के प्रति मेरा नज़रिया बदल दिया।

आज पीछे मुड़कर देखता हूँ तो एहसास होता है कि कितना भाग्यवान रहा। भाग्यवान इसलिए क्योंकि मुझे एक नहीं, तीन-तीन गुरुओं का आशीर्वाद मिला मेरे गुरुओं ने जीवन के प्रति मेरा नज़रिया बदल दिया और जिसने सपनों के साथ होने व उन्हें जीने का फर्क पैदा किया।

मालिक बनाम नौकर

धीरुभाई अंबानी बहुत साफ व स्पष्ट बातें करने वालों में से थे। वे बातों को घुमाने वालों में नहीं थे। वे वही कहते थे, जो कहना चाहते थे और इसके पीछे शक्तिशाली कारण होता था। वे प्राय: बातें करते-करते मालिक शब्द का प्रयोग करते थे। वे प्राय: हममें से कुछ के लिए इस शब्द का प्रयोग करते थे, हमें यह अटपटा लगता था क्योंकि हमारे लिए तो वही मालिक थे।

आज पीछे मुड़कर देखता हूँ तो एहसास होता है कि इसी इकलौते शब्द ने आज का रिलायंस गढ़ा है। उन्होंने हमें सही मायनों में मालिक बनाया, मालिकों की तरह बर्ताव किया व उस पद से जुड़ी जिम्मेवारियाँ संभालने की आजादी भी दी। इसी प्रक्रिया में हम अपनी अपेक्षाओं से भी कहीं ऊपर पहुँच गए। मैं हमेशा कहता था कि जब उन्होंने मुझे मुद्रा सौंपी तो उन्होंने मुझे पैसा, कोष व इसकी चाबी सौंप दी। इसके बाद न तो कोई सवाल-जवाब किया और न ही निगरानी रखी। यह सारी जिम्मेवारी पूरी तरह से मेरी थी। मुझे एक क्षण के लिए भी, कभी ऐसा नहीं लगा कि मुद्रा से मेरा कोई संबंध नहीं था।

उनका यह रवैया कितना खास व अनमोल था, जिंदगी ने मुझे यही बताने के लिए, मेरे कैरियर की शुरुआत में ही एक पाठ पढ़ा दिया था। मुझे मेरी नई नौकरी का पद भार संभाले कुछ दिन ही हुए थे, एक दिन मेरे मेज पर रखे फोन की घंटी बजी। मैंने फोन उठाया, यह मेरी मालकिन का फोन था। वे अपने पारिवारिक डॉक्टर का इंतजार कर रही थीं और जानना चाहती थीं कि उसे इतनी देर क्यों हो रही थी। मैंने डॉक्टर साहब को फोन किया तो उन्होंने मुझसे पूछा कि उन्हें क्यों बुलाया गया है। मैंने अंदाजा लगाया कि मैडम की तबीयत ढीली होगी इसलिए मैंने यही कह दिया। कुछ ही मिनटों में मेरी मैडम का दोबारा फोन आया और वे बोलीं कि मुझे किसी भी हालत में, मामले को अपने हाथ में लेने की बजाए, सिर्फ उतना ही करना चाहिए, जितना मुझे कहा जाए।

जब मैंने धीरुभाई के लिए काम करना आरंभ किया, तब भी मैं यह वाक्य भूला नहीं था। वे मुझे सिर्फ कहे गए काम को करने की बजाए वही काम करने का प्रोत्साहन देते थे, जो मुझे सही लगे।

मैंने स्वयं देखा कि किस तरह इस दर्शन के साथ रिलायंस दिन-ब-दिन ताकतवर होता चला गया और जिन कंपनियों का दर्शन इससे अलग था, वे इससे काफी हद तक अलग रहीं।

तब मैंने सीखा कि यही सफलता का रहस्य है। कोई भी व्यक्ति मशीन नहीं होता। कॉर्पोरेट नेता के लिए कोई कर्मचारी कितना भी छोटा क्यों न हो, उसे हमेशा पहल करने व आगे

आने के लिए प्रोत्साहित किया जाना चाहिए। यह सत्य है कि इस प्रक्रिया में गलतियाँ तो होंगी लेकिन उसकी निजी श्रेष्ठता सामने आने से कंपनी की गति को भी बल मिलेगा।

इसका एक खूबसूरत पहलू यह है कि उसके कैरियर के साथ-साथ कंपनी भी फलेगी-फूलेगी। अगर आप उससे नौकर की तरह पेश आएँगे तो आपको मानवीय आत्मा के हनन के साथ-साथ समृद्धि में पतन का भी साक्षी होना होगा।

रवैए से आने वाला बदलाव

जब भी मैं सुबह अखबार पढ़ते समय, श्री नारायणमूर्ति या श्री बांगा जैसे व्यावसायिक प्रतिभाओं के विचार पढ़ता हूँ तो मुझे हैरानी होती है कि उनके शेष दल को क्या हुआ? उनमें से कितने, आज के व्यावसायिक नेताओं में गिने जाते हैं? मेरा अंदाजा है कि उनमें से कुछ भारत के निगमों व विदेशों में उच्चपदासीन प्रबंधक होंगे। इनके अतिरिक्त और भी अनेक सफल उद्यमी होंगे, जिनके बारे में लिखा नहीं गया। उनमें से बाकी आम व्यवसायों में लगे होंगे। ...तो वह खास जादुई फार्मूला कौन सा है, जो आई.आई.एम. स्नातक या किसी भी दूसरे स्नातक को एक उच्च प्रदर्शनकर्ता बना देता है? वे सब एक साथ पढ़े, एक साथ कैंपस में रहे, एक जैसे गुरुओं से शिक्षा पाई, एक ही मैस में एक जैसा खाना खाया लेकिन इसके बावजूद उनमें से कुछ ही नेतृत्व करने लायक बन सके। मेरे अनुसार रवैए में बदलाव की वजह से ही ऐसा होता है। यहाँ सबसे खास बात यह है कि सफलता के लिए खास रवैया कौन सा है? पूरी दुनिया में, संगठन; नज़रिए व रवैए के हिसाब से ही

चुनते हैं व हुनर का प्रशिक्षण देते हैं तो यह कौन सा रवैया है, जो सफलता के लिए आवश्यक है? सालों से सहकर्मियों व कर्मचारियों को ऊपर उठने व नीचे गिरते देखने के बाद मैंने निष्कर्ष निकाला है कि सफलता का एक अचूक मंत्र है, जिसे मैं सकारात्मक मनोवृत्ति (रवैए) का नाम देता हूँ। सफल व्यक्ति कभी ऐसा महसूस नहीं करते कि वे सब जानते हैं। वे हमेशा सीखने को तैयार रहते हैं। सुनने में चाहे अविश्वसनीय लगे, किंतु वे काफी विनीत होते हैं। उनकी अपेक्षाएँ ऊँची नहीं होतीं और वे कोई भी काम करने के बाद, उसका पुरस्कार पाने की उम्मीद नहीं रखते। वे हर किए जाने वाले काम पर पूरा स्वामित्व रखते हुए उस पर 100% ध्यान देते हैं। एक बार सफलता के इस सोपान तक पहुँचने के बाद, वे उद्योग को किसी न किसी रूप में कुछ देना चाहते हैं।

जो लोग कुछ खास नहीं कर पाते, उनकी पहचान तो कैंपस में ही हो जाती है। वे सब कुछ जानने के बावजूद ऐसा व्यवहार करते हैं मानो पूरी दुनिया बड़ी बेताबी से उनका इंतजार कर रही है।

नतीजतन वे सही नियोक्ता की तलाश में नौकरियाँ छोड़ते रहते हैं व नई जगह जाते रहते हैं। वे किसी 'खास' नियोक्ता की तलाश में रहते हैं, जो उनकी योग्यता पहचानने की प्रतीक्षा कर रहा है।

मैं तो ऐसे रवैए को नकारात्मक मानता हूँ। इसमें कोई संदेह नहीं है कि दुनिया का चक्र उनके अहम् को धीरे-धीरे चकनाचूर कर देता है।

उस समय विनम्र व्यक्ति ही आगे बढ़ते हैं। जब जीवन हमें सही रवैया अपनाने की शिक्षा दे रहा है तो वही व्यक्ति आगे निकल जाते हैं, जो पहले से इसे अपना लेते हैं।

यह भी एक विडंबना है कि आपका धन, संरक्षण व महंगी स्कूली शिक्षा भी आपको प्रतिष्ठित व्यक्ति का दर्जा नहीं दिला सकते।

आपको जल्द ही यह जान लेना चाहिए कि आपका अहम् ही सफलता की राह का सबसे बड़ा रोड़ा है।

अनुभव की शक्ति

मैंने करीब तीन दशकों तक लोगों को उनका नजरिया बदलने, नए उत्पाद व विचारों को कबूल करवाने की कोशिश में लगाया है। अपनी नौकरी का एक हिस्से के तौर पर मैंने बहुत सी बातों का बारीकी से निरीक्षण किया है। मैंने देखा है कि किस तरह चुनावों में मतपत्र की ताकत अपना असर दिखाती है।

यहाँ मैं गुजरात (2002) व आंध्रप्रदेश (2004) राज्य की घटनाओं का ब्यौरा देना चाहूँगा। पहले राज्य के मुख्यमंत्री के साथ मीडिया ने काफी कड़ा रुख अपनाया व दूसरे मुख्यमंत्री मीडिया की आंखों का तारा बने रहे। उनके किसी भी बुरे काम को भी मीडिया ने नहीं उछाला व उन्हें हमेशा सलामी दी। हाँ, दोनों मामलों में मीडिया का यह रूप, लोगों की सोच को प्रभावित नहीं कर पाया।

गुजराती अपने मंत्री के साथ डटे रहे व तेलुगू लोगों ने कहा कि बस बहुत हुआ। क्योंकि उन लोगों ने मीडिया द्वारा प्रस्तुत की गई झांकियों की बजाए, जो देखा, सुना व महसूस किया, उसी आधार पर मत दिया था। उन्होंने अपने आसपास जो देखा और

उन्हें जो दिखाया जा रहा था, इन दोनों का आपस में कोई मेल नहीं था शायद मतदाता समुदायों द्वारा इन्हीं धारणाओं पर चर्चा की गई होगी।

मेरे लिए, यह संचार के किसी भी छात्र के लिए केस स्टडी बन गई है। यह साफ है कि लोगों को ऐसी रिपोर्टों को मानने के लिए राजी नहीं किया जा सकता, जो आसपास के माहौल को प्रतिबिंबित न करती हों एक अलग व नया नजरिया चर्चा का विषय बन सकता है। वह मनोरंजन तो कर सकता है लेकिन विज्ञापन के मामले में उत्पाद का असली चेहरा पेश नहीं कर सकता। उस समय किसी भी तरह का संदेश, हवा हो जाएगा।

दूसरे शब्दों में-"जादू तो उत्पाद में छिपा है।" (बिल बर्नबैच)

शालीनता के साथ बढ़ें

जिस व्यक्ति को औसत स्तर से अधिक मिला हो, उससे उसकी प्रसन्नता के बारे में पूछें तो एक ही उत्तर मिलेगा-"नहीं, अभी मैं प्रसन्न नहीं हुआ।" चाहे वह अपनी कार, घर, उच्च पद व परिवार से जुड़े सभी सपनों को साकार कर चुका हो किंतु इसके बावजूद उसके उत्तर से असंतुष्टि व नकारात्मकता ही झलकेगी। पिछले 23 वर्षों से नियोक्ता व अध्यक्ष होने के नाते मैंने सीखा कि चाहे कितनी बड़ी तरक्की या वेतन वृद्धि क्यों न दे दी जाए, ऐसा बहुत कम होता है कि लोग उसे लेकर प्रसन्न हों। 'यह काफी नहीं' और 'काफी देर से मिला', यही सुनने को मिलता है। कितने दुख की बात है कि हम उसी प्रसन्नता से अपना मुँह मोड़ लेते हैं, जिसे हम हमेशा पाने का हक रखते हैं।

यहाँ मैं एक छोटी सी कहानी की मिसाल देना चाहूँगा। मैंने अपने एक सहकर्मी की सेवाओं को मान देते हुए, उसे बोर्ड ऑफ डायरेक्टर्स में शामिल होने का न्यौता भेजा। मैंने सोचा कि एक अच्छे प्रदर्शनकर्ता के लिए यह एक मान होगा। वे वर्षों से अच्छा प्रदर्शन करते आ रहे थे इसलिए मैंने सोचा कि उन्हें बोर्ड

में शामिल करने से कंपनी में भी उनकी इज्जत बढ़ेगी। मैं उम्मीद कर रहा था कि वह इस सरप्राइज से प्रसन्न होंगे। मैंने चाँदी की थाली के उपहार सहित एक पत्र भेजा। बड़ी अजीब बात है, पूरा दिन उस ओर से कोई उत्तर नहीं आया। मैंने थोड़ा इंतजार करना ही ठीक समझा। जब उसी चुप्पी के बीच अगला दिन भी बीत गया तो मैं उलझन में पड़ गया। मैंने फोन करके यह पता लगाने की कोशिश की कि उन्हें मेरा पत्र मिला भी था अथवा नहीं? उन्होंने हाँ में जवाब दिया और कहा कि उन्हें यह पहचान काफी देर से मिली। ऐसा ही एक और उदाहरण है। जिस दिन भत्ते घोषित हुए, मेरी एक सहकर्मी मेरे कमरे में आईं। वे काफी खुश थीं क्योंकि उन्हें मनचाही बढ़ोतरी मिली थी। अगले दिन मुझे पता लगा कि वे नाराज थीं। कारण पूछने पर पता चला कि उनके बाद आने वाले सहकर्मी को ज्यादा बढ़ोतरी दी गई थी। बिल्कुल साफ था कि उसकी प्रसन्नता का अनुपात, पड़ोसी की प्रसन्नता से जुड़ा था। मेरे हिसाब से यही सारे दुखों का मूल है। चूंकि हम लगातार तुलना में लगे रहते हैं इसलिए हमें लगता है कि जिंदगी ने हमें हमारा प्राप्य व पुरस्कार काफी देर से दिया है नतीजतन हमें अनावश्यक कड़वाहट, बेचैनी व अप्रसन्नता का सामना करना पड़ता है। तभी हममें से बहुत कम लोग पूरी शालीनता व मर्यादा के साथ फल-फूल पाते हैं। हमें पड़ोसी के साथ अपने पुरस्कारों की तुलना करना छोड़ना होगा और हमारे रवैए से शालीनता व मर्यादा स्वयं ही झलकने लगेगी।

सहनशीलता - आपकी सीमारेखा कौन सी है?

भारत में हम सब किसी न किसी रूप में दुर्व्यवहार सहन करते आए हैं। ये काफी हद तक हमारी जीवनशैली का हिस्सा बन गए हैं। हम लोगों को हमारे स्थान, अधिकारों, मर्यादा व हमारे आत्मविश्वास का उल्लंघन करने देते हैं व पलक तक नहीं झपकते। मैं आपके साथ सिंगापुर हवाई अड्डे पर घटी घटना का ब्यौरा बाँटना चाहूँगा। जब मैं वहाँ की ड्यूटी फ्री शॉप पर अपना बिल अदा कर रहा था तो मैंने देखा कि मुझे अपनी सूची में कुछ जोड़ना था। मैं अपना काम अधूरा छोड़कर सामान की ओर चला गया।

जब मैं लौटा तो कोई और भद्रपुरुष, काउंटर पर अपना बिल अदा कर रहे थे। जब काउंटर पर खड़ी युवती ने मुझे देखा तो वह उनका काम अधूरा छोड़कर मेरी ओर आ गई, तब उन्होंने उस युवती से पूछा कि उनका काम अधूरा क्यों छोड़ा गया जबकि वे वहाँ पहले से मौजूद थे। उनका यह रवैया वास्तव में सराहनीय था। उनका मेरे से कोई निजी बैर नहीं था

लेकिन उन्हें इस बात का पूरा एहसास था कि काम करने के तौर-तरीके को छेड़ा जा रहा है या काम गलत तरीके से किया जा रहा है।

अगर कहीं ऐसा भारत में होता तो मेरा काम आसानी से होता और कोई इस बारे में सवाल-जवाब न करता। क्या हम बहुत खुले दिल वाले हैं या जब हमारे साथ बुरा बर्ताव होता है तो हम इसे भाग्य और किस्मत का फेर मानकर सहन कर लेते हैं।

यहाँ तक कि यातायात में भी, पंक्तियाँ तोड़ी जाती हैं। घर में व दफ्तरों में पति अपनी पत्नियों के साथ बुरा बर्ताव करते हैं, ग्राहक एजेंसियों पर झल्लाते हैं और हर हालत में यह सब कुछ स्वीकार कर लिया जाता है क्योंकि दुर्व्यवहार करने वाले व्यक्ति के पास ताकत होती है, वह दूसरे पक्ष से बड़ा होता है। मेरे विचार से तो हम ऐसा इसलिए करते हैं क्योंकि हमें ऐसा लगता है कि या तो हम पिछले पाप भुगत रहे हैं या भावी मोक्ष की कीमत चुका रहे हैं। हमें लगता है कि इस तरह हमारे कर्मों का भार थोड़ा हल्का हो जाएगा।

आमतौर पर यह सब हमारी नेकदिली के कारण नहीं होता दरअसल हम अपने जीवन को संकटों से मुक्त रखने की रिश्वत देते हैं।

मैंने अपने एक नियमित स्तंभ के दौरान भारत की ब्रांड के रूप में मार्केटिंग पर टिप्पणी की थी मुझे उम्मीद थी कि इसके एक वाक्य पर काफी विरोधपूर्ण प्रतिक्रिया होगी लेकिन मुझे हैरानी तो तब हुई जब सिर्फ एक ही ऐसा पत्र मिला। मैं लोगों

की सोच पर दंग रह गया। यह भी एक भयावह तथ्य है कि जब तक हमारे पास मननशील व प्रतिक्रियावादी समाज नहीं होगा तो कभी कोई बदलाव नहीं आ सकता। यह जरूरी नहीं कि हम गलत तरीके से अपना विरोध प्रकट करें, हम गांधी के भारत में रहते हैं, जिन्हें दुनिया का सबसे बड़ा व भला विरोधी माना जाता है। हम सही तरीके से अपनी बात या तर्क को पेश कर ही सकते हैं, चाहे उससे कोई तत्काल बदलाव आए अथवा नहीं! इससे बुरा बर्ताव करने वाले को कम से कम इतना तो पता चल ही जाएगा कि उसने गलती की है। जब हम छोटे-छोटे मोर्चों पर भी पूरी सख्ती से डटे रहेंगे तो ऐसे दुर्व्यवहारों पर रोक लग जाएगी। हालांकि यह मानना थोड़ा मुश्किल होता है, लेकिन हम उतने ही शक्तिहीन होते हैं, जितना हम स्वयं को मानते हैं। अच्छे सामाजिक बर्ताव से बंधे विद्रोह या विरोध, पहाड़ों को भी हिलाने की ताकत रखते हैं।

यात्रा ही मंजिल है

...और हमें यात्रा समाप्त होने तक इसका पता ही नहीं चलता। पीछे देखता हूँ तो मुझे अपना पुराना सबक याद आ जाता है। मैं अपने तत्काल लक्ष्यों की पूर्ति के लिए ध्यान केंद्रित करने में इतना व्यस्त था कि उन क्षणों का आनंद ही नहीं ले पाया। जिंदगी मुझे सारा रोमांच व उत्तेजना सौंप रही थी और मैं उसका आनंद लेने की बजाए, उन पलों के समाप्त होने की बाट देख रहा था। मेरा शरीर तो उन्हीं क्षणों में मौजूद होता जबकि मेरी आत्मा भविष्य में आने वाले नतीजों की ओर निहारती।

मैं इसे एक उदाहरण से समझाना चाहूँगा। एक ऐसा समय भी था जब हम विमल के कई फैशन शो कर रहे थे। हम ट्रकों पर भारी सामान, उपकरण, महंगे कपड़ों व मॉडलों के साथ एक से दूसरे शहर में जाते। कानपुर के एक शो के लिए सब कुछ समय पर पहुँच गया बस एक खास ट्रक नहीं आया जिसमें काफी उपकरण मौजूद थे। यह श्री के नारायण (टैक्सटाइल डिवीजन के अध्यक्ष हैं व उस समय मेरे वरिष्ठ सहकर्मी थे) व

मुझे चिंता में डालने के लिए काफी था। हम आधी रात को डाकुओं के आतंक के लिए जाने जाने वाले खतरनाक हाइवे पर चक्कर लगाते रहे जबकि तयशुदा समय से कुछ मिनट पहले, ट्रक हमारे सामने से निकल गया, हमें पता तक नहीं चला। ट्रक और हमारी दिशा बिल्कुल विपरीत हो गई।

अब, यदि मैंने सचमुच उस रोमांच को जीया होता तो शायद जीवन कुछ और होता। हमें एहसास ही नहीं होता कि जिंदगी हमें कितने रोमांचक क्षण सौंप रही है, जिन्हें देखने के लिए हमें कोई फिल्म देखने की जरूरत नहीं है। हम ज्यादातर समय तक इन्हीं के साथ होते हैं।

23 मार्च, 1979 को ऐसा ही एक जबरदस्त शो नागपुर में हुआ। मुझे वह अच्छी तरह याद है। एक दिन पहले ही मेरे यहाँ पुत्र का जन्म हुआ था और मुझे फ़ैशन शो के आयोजन के लिए आना पड़ा। एक स्कूल की इमारत की दूसरी मंजिल पर शो (एक दिन में तीन, प्रति 90 मिनट) हो रहे थे। इनके प्रतीक्षा कक्ष बाकी मंजिलों पर थे और एक संकरी सी सीढ़ी इन्हें जोड़ती थी। इंतजार करने वालों ने उन्हें रास्ता देने से इंकार कर दिया जो पहले निकलना चाह रहे थे। इसी बहसा-बहसी के दौरान इतनी भीड़ हो गई कि उसे संभालना मुसीबत बन गया। जब सब कुछ संभल गया और शो भी सफल रहे तो सब पार्टी में मग्न हो गए (जैसा कि प्रायः होता था) जबकि मैं इस चुनौती से जूझने की सफलता का जश्न मनाने की बजाए वहाँ से निकल आया और चैन की सांस ली कि सब

कुछ ठीक-ठाक निबट गया था। यह घटना मुझे याद दिलाती है कि मैंने किस तरह उन क्षणों को जीने की बजाए उनसे मुँह मोड़ लिया था।

आप देखें, कि जब आप लक्ष्य तय करने के बाद, वहाँ पहुँचने के लिए पूरा ध्यान लगा देते हैं तो यहीं से समस्या शुरू होती है। यह कुछ ऐसा ही है कि आप भोजन का स्वाद लिए बिना उसे खत्म करने पर ध्यान दें।

इसमें कोई शक नहीं कि भूख मिटाना ही आपका लक्ष्य है लेकिन बेहतर होगा कि आप अच्छी तरह पके भोजन का अपनी स्वादेंद्रियों की सहायता से पूरा स्वाद लेते हुए अपनी भूख शांत करें। जब आप शरीर व आत्मा की एक साथ उपस्थिति के साथ जीते हैं तो जिंदगी अपने आप भरपूर हो जाती है। यदि आप ऐसा नहीं करते तो जीवन रूपी इस विलक्षण उपहार के थोड़े से अंश का ही लाभ ले पाते हैं।

हम लोगों पर दांव लगाते हैं

मुझे वो समय याद आया, जब मुद्रा केवल 8 करोड़ की कंपनी थी व स्थापित होने की भरसक कोशिश कर रही थी, उस समय हमें 3 करोड़ रुपए की एक परियोजना मिली। यह एक बड़ी जीत थी जिसने हमें कई दिन तक हौंसला दिया। यह काम एक योग्य व प्रतिभाशाली युवा एक्जीक्यूटिव को सौंपा गया। इसके कुछ समय बाद ग्राहक ने मुझसे पैसों के लेन-देन के बारे में कटौती की बात की, मैंने समझौता करने से इंकार कर दिया। ग्राहक ने इसके बदले, मेरी एक्जीक्यूटिव को परेशान करना शुरू कर दिया। जल्दी ही वह कहने लगा कि हमारी एक्जीक्यूटिव इस लायक नहीं थी कि उसे यह काम सौंपा जाए अत: वह काम किसी और को सौंपा जाए। यह एक नाजायज मांग थी और उस एक्जीक्यूटिव की कोई गलती भी नहीं थी। मैंने इस बारे में थोड़ा सोच-विचार किया और उस ग्राहक को ही छोड़ने का फैसला कर लिया। 80 के दशक में 3 करोड़ रुपए का काम छोड़ना आसान नहीं था। हकीकत में, आज भी यह आसान नहीं है। हालांकि, जो मैंने किंया, वो आज भी उतना ही

सही है, जितना उस दिन था। आजकल, मैं देखता हूँ कि एजेंसी प्रमुख अपनी टीम की बात सुने बिना, केवल ग्राहकों की प्रसन्नता के लिए अपने एक्जीक्यूटिव को काम से हटा देते हैं। हकीकत में, मुझे तो यह सोचकर हैरानी होती है कि कॉर्पोरेट मूल्य जा कहाँ रहे हैं?

क्या सचमुच लोगों को हटाना इतना आसान हो गया है? "अपनी टीम में विश्वास रखो", "अपने लोगों में विश्वास रखो", जैसी बातें चलन से बाहर हो गई हैं? अगर ऐसा है, तो मेरे पास कुछ सवाल हैं। सेवा उद्योग में यदि व्यक्ति नहीं, तो आपका उत्पाद क्या है? अगर आपको भरोसा है कि आपके लोग ही आपकी मूल्यवान संपत्ति हैं, यदि आप उनको ही समर्थन नहीं देंगे तो आप उनसे अपने पक्ष में खड़े होने की उम्मीद कैसे रख सकते हैं?

एक और दूसरी घटना में, हमारी एक शाखा को बड़ा बहुराष्ट्रीय काम मिल गया। उसका ग्राहक मुद्रा को अपने खेल का मैदान समझने लगा। वह केबिनों में अपने-आप आता-जाता व शाखा के बीच कलह व शंका का माहौल पैदा करने लगा। मेरे पास इसका ही जवाब था। मेरी टीम के मनोबल से बड़ा कोई काम नहीं था। हमने उस काम को छोड़ दिया। मैं आपको इतनी सादी सी बात समझाना चाहता हूँ कि अगर आपके पास, आप पर भरोसा रखने वाले आदमी नहीं हैं तो आपकी कोई टीम् नहीं है और इसके लिए, आपको सबसे पहले अपने लोगों पर भरोसा रखना सीखना होगा।

भाग्यवश मेरे लिए, एक श्रेष्ठ कॉर्पोरेट नेता धीरुभाई अंबानी, मेरे बॉस बने। मैंने किसी को भी अपने लोगों में इतना भरोसा रखते नहीं देखा, जितना कि वे हममें रखते थे। उनकी एक चुनी हुई कहावत थी–"हम लोगों पर दांव लगाते हैं।" उनकी कंपनी एक निर्माण इकाई थी, इस तथ्य के बावजूद उन्होंने हमेशा यही माना कि कई करोड़ डॉलर वाले प्लांट की तुलना में उनकी टीम ज्यादा बड़ी संपत्ति थी। और ऐसा कभी नहीं हुआ, जब हमें ऐसा लगा हो कि उन्होंने हमारी बजाए बाहर वाले के दृष्टिकोण को ज्यादा महत्त्व दिया हो।

मेरा तो यही मानना है कि विश्वास, किसी भी संगठन की बुनियाद होती है जो समय की हर कसौटी पर खरी उतरती है।

प्रोफेसर व व्यवसायी

मुद्रा के प्रारंभिक वर्षों में मैं अपना बाकी समय सिद्धांतों को ग्रहण करने में लगाता था। भाग्यवश मुद्रा भी उसी शहर में थी, जहाँ भारत का प्रीमियर व्यावसायिक स्कूल, 'द इंडियन इंस्टीट्यूट ऑफ मैंनेजमेंट', अहमदाबाद मौजूद था इसलिए मैंने भारत के कुछ श्रेष्ठ व्यावसायिक शिक्षाविदों के साथ देर रात तक समय बिताया। उन दिनों के वार्तालापों के दौरान ही मैंने यह सबक सीखा। विज्ञापन व विपणन की पुस्तकों में जो लिखा था, वास्तविक जगत का विज्ञापन उससे कहीं अलग था। एक पाठ्य-पुस्तक स्पष्ट तौर पर बताती है कि आपको क्या करना चाहिए। वहीं दूसरी ओर, आप हकीकत में सीखते हैं कि सब काम कैसे करते हैं।

80 के प्रारंभिक दौर में आई.आई.एम. के एक प्रोफेसर, एक ऐसी कंपनी के परामर्शदाता थे, जो मुद्रा से अपनी छिपी हुई नलसाजी के लिए विज्ञापन तैयार कराना चाहती थी। पाइप डण्डे के ऊपरी हिस्से में थे लेकिन मुझे एक ही आशंका थी-वे नजर नहीं आने वाले थे। मेरी सहज बुद्धि ने मुझे चेताया कि ग्राहक

सचमुच ध्यान नहीं देंगे कि उनके ईंटों व सीमेंट के नीचे आने वाले उत्पाद का ब्रांड क्या है। बस वे तो इतना चाहते हैं कि वह सब सही तरीके से अपना काम करता रहे, ईंटों के पीछे दबे ब्रांड से उनका क्या लेन-देन?

जबकि मेरे प्रोफेसर मित्र का कुछ और ही मानना था। हम ग्राहकों को छिपे रहने वाले पाइपों के ब्रांड के चुनाव के लिए राजी कर सकते हैं, मुझे यह समझाने के लिए काफी कागजी कार्रवाई की गई। मैंने पूरे धीरज से सारी बहस को सुना और महसूस किया कि वे उस समय, किसी भी कीमत पर, ग्राहक के नजरिए व सोच को मानने के लिए राजी नहीं थे। इस तरह यह संवाद दोनों ओर से खत्म हो गया। कितने अफसोस की बात है कि दो सहजीवी व्यवसाय एक-दूजे को आदर नहीं दे सके। हमने इसी खाई को भरने के लिए 'माइका' का गठन किया और ऐसा लगता है कि यह सचमुच अपने उद्देश्य को सार्थक कर रहा है। मीका के ज्यादातर प्रोफेसर, उद्योगों के व्यवसायी हैं।

हम भी पश्चिम वालों की तरह एक-दूसरे को काफी कुछ दे सकते हैं। प्रायः प्रोफेसर विज्ञापन व विपणन के क्षेत्र में महत्त्वपूर्ण भूमिकाएँ निभाते हैं जिससे उन्हें उनका प्राप्य भी मिलता है। यहाँ हम प्रोफेसर जगदीश सेठ, डॉ. सुमंत्र घोषाल, डॉ. सी.के. प्रह्लाद आदि का नाम ले सकते हैं, जिन्होंने उद्योग को अपना अतुलनीय योगदान दिया।

यदि हम अपने प्रबंधन क्षेत्र से भी ऐसा ही योगदान चाहते हैं तो हमें अपने गुरुओं को यह मान-सम्मान देना होगा, जिसके वे हकदार हैं। सबसे ज्यादा दुखदायी बात तो यह है कि उन्हें उससे भी कम वेतन दिया जाता है, जितना उनके छात्र अपनी पहली नौकरियों में पा लेते हैं। यदि हमारे प्रो. अपने कक्षों से बाहर आकर भारतीय बाजारों का व्यावहारिक मुआयना करें, उसकी नब्ज को महसूस करें तो यह भी काफी सहायक होगा। यदि हम दर्शन व व्यावहारिकता कें इस अंतर को दूर कर सके तो इससे भारतीय विपणन व संचार को बल मिलेगा।

दो शब्द

जब मैंने विज्ञापन में अपना कैरियर आरंभ किया, तो उस समय के एजेंसी ग्राहक संबंध ऐसे नहीं थे, जैसे कि आजकल उभर रहे हैं। हो सकता है कि यह आज के विज्ञापन जगत के लिए हैरानी की बात हो लेकिन एक ऐसा भी समय था जब एजेंसी व ग्राहक एक थे। मैं सादे शब्दों में कहूँ तो हम दो संस्थाओं की एक आत्मा की तरह थे। हम सांझेदार थे। समय के साथ-साथ वो सब कुछ छोटे-छोटे टुकड़ों में मिलने लगा, जो एजेंसी देती थी, ग्राहक अपनी मर्जी से कुछ भी चुन सकता था। मीडिया ने भी अलग-अलग साधनों से 'रचनात्मकता' व स्टूडियो सुविधाएँ आदि खरीदना शुरू क्रर दिया। आप चाहें न चाहें, यह विशेषज्ञता का युग है इसलिए विज्ञापन विशेषज्ञ के रूप में एजेंसी के पास जो अधिकार थे, वे धीरे-धीरे घटते चले गए, खासतौर पर तब जब यह छोटी सी एजेंसी प्रमुख के हाथ में थे। इसी से 15% एजेंसी कमीशन क़ा प्रश्न सामने आया और रचनात्मकता पर भी प्रश्नचिह्न लग गया।

इन सबने विज्ञापन उद्योग में काफी बदलाव पैदा कर दिए हैं। आज विज्ञापन एजेंसी को अपनी सारी सोच, नई जीवनशैली के अनुसार केंद्रित करनी होगी।

ग्राहक की प्रसन्नता के अनुसार उद्योग को चलना होगा, मीडिया व रचनात्मकता तथा बाजार की अतिरिक्त जानकारी सामने लानी होगी। जी हाँ! इन पिछले दो दशकों में ही एक पूरा जीवन चक्र उभरा, फला-फूला व मुरझा गया और आज विज्ञापन की एक नई दुनिया इंतजार कर रही है, जिसे नए सिरे से समझना होगा।

मैं उम्मीद करता हूँ कि मैं इस विषय पर भी एक दिन अवश्य लिखूँगा।

लेखक-परिचय

श्री ए.जी. कृष्णामूर्ति (अच्युतनी गोपाल कृष्णामूर्ति), मुद्रा कम्यूनिकेशंस प्राइवेट लिमिटेड के संस्थापक, चेयरमैन व एम.डी. हैं। उन्होंने एक ग्राहक व कुल जमा 35,000 की पूंजी के साथ अपनी एजेंसी की शुरुआत की। कुल नौ वर्षों के भीतर ही, 'मुद्रा' भारत की तीसरी विशाल विज्ञापन एजेंसी बन गई।

श्री कृष्णामूर्ति का जन्म 28 अप्रैल, 1942 को, दक्षिणी राज्य आंध्र प्रदेश के 'विनुकोंडा' नामक स्थान पर हुआ। उन्होंने आंध्र प्रदेश विश्वविद्यालय से, इतिहास में स्नातक की डिग्री ली। 1968 में उन्होंने श्रीमती गिराबेन साराभाई के सहायक के रूप में 'कैलिको मिल' में काम किया, यह 60-70 के दशक में कपड़ा उद्योग में एक बड़ा नाम था। 1972 में उन्होंने अपनी विज्ञापन एजेंसी 'शिल्पी' में एकाउंट एक्जीक्यूटिव का पद संभाला। फिर 1976 में, उन्होंने विज्ञापन प्रबंधक के रूप में रिलायंस में कदम रखा इसके चार वर्ष बाद, 25 मार्च, 1980 को उन्होंने मुद्रा कम्यूनिकेशंस की स्थापना की।

उन्होंने एजेंसी के दो प्रमुख ब्रांड 'विमल फेब्रिक' व 'रसना सॉफ्ट ड्रिंक कंसेंट्रेट' को उनके बाल्यकाल से ही पाला-पोसा, आज यह दोनों भारत में जाने-पहचाने ब्रांडों में एक हैं। विमल और रसना के साथ और भी कई भारतीय ब्रांड शामिल किए गए, जो आज, अपने-अपने क्षेत्र में सबसे ऊपर हैं। मार्च 1991 में उन्होंने मुद्रा

इंस्टीट्यूट ऑफ कम्यूनिकेशंस, अहमदाबाद की स्थापना की, यह पूरे एशिया में अपनी तरह की अक़ेली विज्ञापन संस्था है। भारतीय विज्ञापन जगत में प्रशिक्षित प्रतिभाओं की मांग पूरी करने के लिए इस संस्था की स्थापना की गई। दो साल बाद, उन्होंने 'मुद्रा इंटरनेशनल' की शुरुआत की। यह भी अपने आप में एक पथप्रदर्शक कदम था, पहली बार किसी भारतीय एजेंसी ने विदेशी भूमि पर अपना कदम जमाया।

उनके 23 वर्षीय कार्यकाल के दौरान, एजेंसी ने करीब 844 पुरस्कार जीते, जिनमें राष्ट्रपति पुरस्कार भी शामिल है। 'मुद्रा' लगातार छह वर्षों से 'एजेंसी ऑफ द ईयर' पुरस्कार भी जीतती आ रही है। 1995 में, भारत के प्रमुख मार्केटिंग जर्नल 'ए एंड एम' द्वारा, श्री कृष्णमूर्ति को 'एडवरटाइजिंग पर्सन ऑफ द ईयर' मनोनीत किया गया।

1997 में कोलकाता के विज्ञापन क्लब ने उन्हें 'हॉल ऑफ फेम' से नवाजा। दिसंबर 1998 में, ब्रिटिश पत्रिका 'मीडिया इंटरनेशनल' ने अंतर्राष्ट्रीय विज्ञापन उद्योग की 25 प्रमुख हस्तियों में, कृष्णामूर्ति जी का नाम भी मनोनीतं किया। 1997 में उन्हें 'हीज़ पाईअनीरिंग स्पिरिट एंड आन्ट्रप्रनरिअल' के लिए प्रतिष्ठित ए.ए.ए. आई.-प्रेमनारायण पुरस्कार से सम्मानित किया गया। 2000 में उन्होंने देश की सबसे पहली विज्ञापन ऑन लाइन रेफरेंस लाइब्रेरी मैगइंडिया डॉट कॉम की स्थापना की। उन्हें 'हूज़ हू ऑफ प्रोफेशनलस' के 2002-2003 संस्करण में भी शामिल किया गया। 2003 में उन्हें, आंध्रप्रदेश के एक सफल व्यक्तित्व के रूप में मुख्यमंत्री व 'माँ' टी.वी. द्वारा सम्मानित किया गया।

इस समय श्री कृष्णामूर्ति 'ब्रांड कंसल्टिंग' के चेयरमैन पद पर हैं। वे चार बच्चों के पिता हैं, जिनमें तीन पुत्रियाँ व एक पुत्र है। श्री कृष्णामूर्ति अपने परिवार के साथ अहमदाबाद व हैदराबाद में रहते हैं।